天下文化
Believe in Reading

BEP049B

薩提爾 的 親子對話

每個孩子，都是我們的孩子

核對彼此觀點、聚焦問題核心，和孩子好好說話。

李儀婷 ·著

獻給我摯愛的父親

目次
contents

李崇建　作家、教育家

推薦序
跨越慣性應對，邁向新的應對姿態

儀婷有三個孩子，三個孩子各有特點，都是可愛的寶貝。

我與孩子們出遊，常見他們哭鬧，也看見和諧。有時候打電話給儀婷，話筒常傳來爭執聲音。三個孩子朝夕相處，難得相親相愛，時常吵吵鬧鬧，這就是孩子的特性，只要不執著於和諧，孩子們的吵鬧也很美。

我以欣賞眼光看待，因為我不是當事人，即使跟孩子們相聚一堂，我都只是「過客」罷了，不必跟寶貝們朝夕相處。儀婷則不一樣，她每天照顧孩子。

帶過孩子的人都知道，三個幼齡孩子在一起，東邊一下子哀號聲，西邊一下子抱怨聲，一會兒又冒出求助聲音……身處其中的父母，多半被弄得心浮氣躁，儀婷卻能安然從容。這並非她天生的特質，而是靠後天學習而來。

早年儀婷的大女兒三三出生時，她的教育觀念較傳統，待見三三出現狀況，立刻調整觀念，參與薩提爾工作坊，閱讀書籍與實踐，甚至打電話來詢問。她與我雖為兄妹，但是早年我對她甚嚴厲，成年之後我們關係靠近，乃借助學習薩提爾模式，彼此都有很多成長。但消除心中傷痕並非易事，她能打電話詢問對話、教養，我以為著實不容易，亦可見她一路走來有多堅韌。

儀婷雖然勇於學習，但過程並非順遂。她透過不斷學習與調整，一路走至今天的嫻熟、安然與穩定，並且以薩提爾模式為基礎，發展出更為生活化的運用，我感到十分讚嘆。

她將繁複的冰山框架，以簡單的語言整理，將「核對」貫串起來，實在非常美妙。為何核對就能帶來釐清，帶來成長與力量？這就是薩提爾模式的精要。因為人從來都是向上發展，都是趨向真、善、美，趨向愛、價值、意義、自由，趨向人的存有與生命力，亦即冰山渴望層次以下，指向人存有的層次，從沒有人想趨向墮落。若是生命趨向墮落，趨向負向的所在，那一定是某地方卡住了。因此只要藉由好奇，層層澄清、核對生命發展的意圖，就能幫助對方朝正向發展，尤其是面對孩子更易引導。

但這牽涉到父母本身是否能接納、體現愛、允許更多自由進入，還有對話方向是否正

確，指向的是冰山渴望層次，而不是滿足父母期待而已。

在本書中的諸多案例，儀婷以故事敘述，再以框架反覆解說案例，有助於學習者清晰，亦有助於學習者反覆練習。也期望學習者清晰語言之餘，必須理解脈絡指向冰山底層，指向人生命存有之地，也需要整理自己的冰山，才能跨越慣性的應對，邁向新的應對姿態。

儀婷邀請我寫序，我因珍惜自己時光，已經甚少為書作序。但儀婷是我妹妹，我很願意為她作一序，以表達兄妹彼此的看重。但我雖願意為書作序，實則想快速略讀，就能迅速下筆為文。未料這本書相當好看，也引發我的興趣，了解儀婷這幾年所學為何？我愈看愈有興趣，乃覺儀婷與孩子對話的能力強大，早已超出我的視野，我覺得欣喜亦感動。

儀婷年紀小我八歲，學習薩提爾模式也晚，我猶記得她剛學習時的困窘，對話生硬且不到位，如今已經從我視線跨越了，超出我所看見的風景。

我看儀婷的書，腦海浮出一個畫面，那是儀婷學齡前的一幕，她曾隨母親北上居住，好一陣子沒有回家。有一天我聽見門鈴聲音，開門見一大女孩，張開雙臂向我擁抱，口裡說著：「哥哥！我回來了！」

我乍見一大女孩出現，竟作勢擁抱，本能往後退了幾步，心想這女孩是誰？隨即想妹妹怎麼瞬間長大了？變得美麗動人，且個性天真開朗，那麼令人喜歡的女孩。但當時家庭氣氛不佳，我個性陰鬱彆扭，從未跟儀婷說起這印象。且儀婷在家庭與我的陰鬱中，被我嚴厲以對的畫面歷歷在目，將她純真的性情與美，在成長過程中扭曲了，她也曾經陰鬱了好長一段時間。

如今看她成長，書裡呈現動人的對話歷程，將孩子帶領得這麼美好，我心中充滿感激之情，也充滿欣賞與讚嘆。相信閱讀此書的讀者，必定能有所收穫，也能引導家庭走向美好之途。

推薦序

利用孩子的過去，解決孩子的未來

許榮哲　華語首席故事教練

表面上，我是儀婷的丈夫。

實際上，我是儀婷的學生。

但骨子裡，我是儀婷的第四個孩子。

儀婷有三個孩子，三三、川川、一一，我本來是來應徵儀婷的老公，但最後卻活成了她的大兒子。

三個孩子，有七種組合。

至於四個孩子，就會瞬間飆高成十五種組合。

因為每天都要排解各式各樣的問題，於是久病成良醫，儀婷成了實戰經驗超強的四寶媽。

空口說白話，不如我們直接來上課吧！

前面說過了，實際上，儀婷是我的老師，每天為我上一堂「對話課」。

今天這一堂課是「每個負向行為背後，都有正向資源」。

先說一個故事。

一對夫妻在公園裡散步，後頭傳來兩個高中生的對話。

「×，怎麼找不到垃圾桶？」

「我×，對啊，這麼大的公園居然找不到一個垃圾桶。」

「×××勒，老子跟它拚了，我就不信找不到垃圾桶。」

……

當高中生走遠，妻子問丈夫剛才聽到了什麼？

「這些年輕人實在太沒水準了，滿嘴的髒話，簡直就是……垃圾！」

「垃圾？我很驚訝，你聽到的居然是這個！」

「難道你聽到的不是髒話？那你到底聽到了什麼？他們還說了什麼嗎？」

「你到底聽到了什麼？這兩個高中生隨手就

完全相反的，妻子告訴丈夫，她聽到的不是髒話，而是──這兩個高中生隨手就

可以把垃圾丟了，但他們一直不放棄，到處尋找垃圾桶，這是個不容易的美德。

垃圾與美德，一負一正，兩種完全不同的價值，活在同一個人身上。

儀婷是我的老師，每天為我上一堂「對話課」。

上完課之後，她會立刻為我示範一個「即刻練習」。

舉個例子，就在我要寫這一篇推薦序的當下，就有個例子發生了。

回家的路上，老二川川在後座，叨叨唸著明天學校要打針，她很害怕。

此時，儀婷正在開車，而我坐在副駕駛座。

儀表板上的時速，顯示每小時六十公里。

我見識過川川以前在醫院裡，好說歹說，足足花了一個多小時，一把眼淚一把鼻涕，死都不肯打針的畫面。

所以我本能認為這是個棘手的難題。

但我錯了！

儀婷一邊開車，一邊自然的問：「川川，你以前打過針嗎？」

「打過啊！」

「那你會怕嗎？」

「會啊。」

「那你是怎麼克服的？」

「就⋯⋯忍耐啊。」

「哇，我好欣賞這麼努力的你啊！」

川川聽了，原來因為擔憂而拔高的聲音，開始放軟、放軟、放軟。

最後，後座的川川把頭靠在媽媽的肩，甜甜的說：「媽媽，我不怕打針了。」

儀婷依舊平穩的開著車，只是伸出一隻手，輕輕摸摸川川的頭。

從頭到尾，不到三分鐘，川川的問題解決了。

我看著儀表板，時速依舊保持在六十公里。

即刻練習之後，儀婷會告訴我，她是怎麼辦到的。

儀婷說，不要聚焦在負向行為，而是要利用簡單的提問，幫助孩子找到自己的正向資源。

「孩子不是一出生就變成現在這個樣子的。」

「意思是⋯⋯」

「意思是──孩子已經走了好一段路了，早就發生過類似（打針）的事了，只是

沒有人去肯定、欣賞她。」

「哇，秒懂。」

「當孩子親口說出自己的『正向資源』時，『一致性』就啟動了，沒有人能說服孩子，只有他自己可以。」

利用孩子的過去，解決孩子的未來。

用孩子身上的資源來解決他自己的問題，這是最有效的方法。

在這本書裡，儀婷將帶你回到親子的衝突現場，教你三言兩語，就產生力量，學會讓孩子自己解決自己的問題。

喔，不只，儀婷還進一步將所有的問題，都濃縮成三個字「聽核心」，利用這個方法，你將學會如何解決所有的問題。

推薦序
給新手父母的未來書

歐陽立中　Super 教師、暢銷作家

記得有次，我在班上做了個活動，叫做「給父母的學測考題」。就是要父母寫一份考卷，考題是對自己孩子的認識，像是孩子喜歡什麼？未來夢想是什麼？為了核對答案，我先請孩子們填寫。

結果，小琳得知是要給父母填答案，臉馬上垮下來，說：「那我不要寫！」我知道背後必有原因，於是找她來聊聊。小琳告訴我：「每次我跟父母分享學校開心的事，得到的回覆都是：『啥？你怎麼只知道玩？成績呢？』」

後來，她回到家就關上房門，不再說話了。

家長日那天，小琳媽媽出席了，我私下找她聊，告訴她小琳有多好，希望她能多給小琳肯定。小琳媽媽說：「這些我都知道，可是她就不愛讀書啊！」我很好奇她為

什麼那麼在意小琳的成績。小琳媽媽告訴我，因為她希望女兒好好讀書，未來能找好工作、嫁好人家，不要像她一樣辛苦的經營小吃店。

注意到了嗎？小琳媽媽是愛小琳的，但為何小琳卻遠遠逃開？

其實，得知要為人父母時，我們的「迷茫」是大過「喜悅」的。

我們花了這麼多年，猛讀世俗認定的學科，卻沒有人教我們如何當個好父母。於是我們貫行那一套「以愛為名」的綁架與責備。

所以讀完儀婷的新書，我內心激動不已：「這是一本救贖親子關係的好書啊！」

如果可以，我希望這本書能連同媽媽手冊，送到所有新手父母手上。媽媽手冊，安頓的是外在，而這本書，安頓的是內在。

儀婷是教養專家，她用薩提爾模式開啟與孩子的對話之門。《薩提爾的親子對話》最讓我驚豔的，是儀婷把那些看似無跡可尋的對話，拆解成一步步明確的步驟。

像是善用停頓、尋找破口、取得主導權、核對問題、欣賞孩子。

我和老婆剛有了女兒，這本書讀著讀著，我開始想像未來和女兒相處的畫面：有甜蜜、亦有衝突，但我知道的是，每次衝突，都將是我們更加了解彼此的契機。

回到小琳的故事。那時，我告訴小琳媽媽要鼓勵女兒，但卻不知道下一步該怎麼做。這一次，我領悟了「聽核心」的對話精神，若時光能重來，我會坦然自信的告訴小琳媽媽：「面對孩子，你可以傾聽、核對、欣賞……」化解橫阻在他們母女之間的那座冰山。

但我知道時光不能重來，所以，我會把《薩提爾的親子對話》，交到小琳媽媽手上。

往後，也會把這本書的精神，傳遞到更多迷茫的父母心中。

齊聲讚譽

「溝通」，一直是親子關係裡最大的挑戰，良好的溝通實在不簡單。我們在交談中，總是太習慣用行動模式解決問題，而忽略了體察彼此在語言背後的情緒，以致於溝通非但沒有互通，反而帶來更大的鴻溝。好在有儀婷老師的著作。我喜歡儀婷老師分享她在關係中的每一段對話與覺察，不僅有深度，還有一種暖暖的溫度，平實而雄厚。這鐵定是一本不容錯過的佳作，我由衷向您推薦。

—— 陳品皓　臨床心理師、米露谷心理治療所執行長

父母在教養子女時，常落入一個陷阱，便是想解決孩子的問題。不料，解決了一個，還有另一個，沒完沒了，於是抱怨：「究竟什麼時候才能不用操心孩子？」

我慢慢體悟到，薩提爾對話的精神之一，就是不試圖解決，而是允許問題存在。

當不試圖解決或對抗問題時，你才不會總是期待孩子非得要改變。而在允許的過程中，有機會去探索、好奇、疑惑、反思，同時深刻覺察及接觸內在，更重要的是，完全打開與接納自己。

這在親子互動的過程中格外關鍵。因為，很多時候，孩子需要的不是大人如何幫忙解決問題，而是感覺到自己被理解、有人承接住他了，孩子也會漸漸長出承接自己的能力。

我佩服儀婷老師在接觸薩提爾模式後，身體力行於自己的家庭生活與教養過程中。經過細細爬梳，將心路歷程化為文字，呈現在眾人面前。書中有儀婷老師與孩子互動的實況，透過案例，拆解薩提爾對話的過程、技巧與精神，還有很多儀婷老師的心得與獨到見解，相當引人入勝。

然而，就算細細讀完，還是會感到知易行難，這是正常的。因為，你帶著一份想立刻用來解決孩子問題的期待，而這個期待本身，會讓你又落入想要對抗問題的陷阱中。如果是這樣，好吧，那就允許自己暫時做不到，接納這樣的自己，就像儀婷老師說的：「接納失敗，比懊惱更重要」，接著，「讓問題跑一會兒」吧！

——陳志恆　諮商心理師

這幾年薩提爾對話火紅，被證實是能透澈理解孩子表象偏差行為以及其背後深層導因的好方法。但是，薩提爾的冰山各層次理論、停頓或核對等基本技巧並不好理解，且從理解到真正落實於展開對話，又需不斷累積經驗，方能掌握其中的眉眉角角，甚至需要專業老師的提點，否則常會自陷誤區。

我非常推薦儀婷這本書，因為這是一本結構完整、非常細膩拆解對話步驟與重要技巧的實用手冊，同時，儀婷的敘述深入淺出，充滿了同理的溫度、順暢易懂，對於想要入門的家長、師長，無疑是最佳自學教材。

—— 彭菊仙　親子作家

我們不喜歡溝通，尤其是跟孩子。溝通是一道複雜的心理運作歷程，必須設定目標→確認情緒與想法→預判後果→丟出語言→卡關→重新設定。

一旦發生衝突，這些箭頭便足以把你射成刺蝟。因此我們喜歡下指令，因為只需要一個箭頭。

但這個箭頭抹煞了很多東西，畢竟在我們面前的，不是軟體，而是人心。

幸運的是，本書作者李儀婷給出了三樣工具，讓箭頭成為指引，帶你走進孩子的心，分別是：傾聽、核對、用心。

側耳傾聽，完整蒐集訊息；

核對確認，澄清孩子的真實需求；

用心看待，孩子的正向價值。

每樣工具皆以生活實例開箱，刪掉艱澀的學術名詞，留下實用句型。目的很簡單，提醒你工具就在手邊，別忘記帶進日常對話裡。

——劉仲彬　臨床心理師、作家、「臨床心理師的腦中小劇場」粉專主編

自序

我的名字叫，母親

李儀婷

在我有限的生命中，所擔任過的職位裡，最難勝任、最沒成就感、最容易過勞、最容易被指責的，就是「母親」這個職位。

我擁有三個珍珠般珍貴且獨特的孩子，分別是：大女兒三三、二女兒川川，與小兒子一一。

但是，在大女兒三三兩歲以前，我採取的是打罵式教育，即便我已經催眠自己，非到萬不得已，不要動手。但是養過孩子的人就知道，家庭裡到處充滿了「萬不得已」，所以演變到最後，不乖就打，無法溝通也打，吵鬧不聽勸更打，家庭中充滿了打罵的氛圍。

打罵教出來的孩子，總是情緒化；嚴格教養教出來的孩子，也只有壓抑與疏離。

三三兩歲時，我嘗到她情緒的反撲，在我高壓打罵的餵養下，她成了一頭情緒怪獸，朝我狂怒嘶吼，我看見情緒崩潰的孩子眼裡，有著深深的無助與孤單。

那一刻，我深深被她的反應給震懾了。

直到現在，我仍然非常感謝三三當初願意冒著生命危險，朝我送出求救訊息，讓我有機會在養育孩子的路上，不只踩了煞車，還逆向行駛，走上了實踐薩提爾模式的教養之路。

學習薩提爾模式最初是為了教養孩子，但最後改變最多的是自己，因為在那之前，我還是個對「愛」生疏的媽媽。

我以薩提爾模式教養孩子，長達七年的實踐，從中提煉出薩提爾模式的精神，以實例告訴大家如何在家庭中運轉。也告訴大家該如何面對在實際運用薩提爾模式後可能遇到的困境。

其中心目標，即是走「溝通＝陪伴孩子走一段成長的路」，只要在這個目標上所進行的親子溝通，大抵都是正向且準確的。

母親，向來背負著孩子所有「好」與「壞」的責任，我自然也不例外，因此養育的過程，考驗一個母親的耐力與毅力。孩子吵鬧，是母親沒教好；孩子生病，是母親

沒照顧那樣好；孩子功課不好，是母親沒用心；孩子出了問題，一切都是母親的責任。母親顯得那樣的萬能又那樣的渺小。

只要孩子出現奇怪的行為舉止，全世界的人，不管有沒有養育孩子的經驗，都可以對母親說一嘴教育，指責母親：都是你太寵孩子，才會把孩子寵出這樣的個性。

如何在眾多外在「婆媽」高手夾擊下，成為孩子稱職的母親？

曾經，有一個朋友前來訴苦，她說：「我壓力真的好大！孩子生氣了、哭了，我也會心情不好。但是我選擇等孩子哭完，再跟他溝通，但是所有人都指責我，說我這樣太寵孩子。我真的覺得好無助，沒有人支持我，我也開始懷疑自己到底是在教孩子，還是在寵孩子。」

聽到這些求救訊息，我想起自己一件微不足道的洗衣小事。

我們家有個洗衣籃，因為工作型態的關係，我無法每天都把衣服給洗了，總是等到洗衣籃裡的衣服滿了，而且滿得像座山，大女兒三三便會大聲提醒我：「媽媽，衣服滿了，該洗了哦！」

聽到三三提醒的隔天，或再隔天，等我稍有空閒時，我才能正視衣服山的問題，

將整籃倒入洗衣機一次解決。

前幾天，衣服山又出現了，三三提醒我，我應聲好，並沒有馬上處理。

隔天，三三去保母家玩，順便在保母家洗了澡，吃了飯才回來。

回家後，三三說：「媽，婆婆說我的襪子底下很髒，說你都沒幫我把襪子洗乾淨，她說你應該要把襪子拿出來單獨刷一刷，這樣才會乾淨。」

我點頭說：「我知道了，下次我會注意。」

三三又說：「媽，婆婆說你很懶，說你都沒有整理家裡。」

我笑了笑，大聲回答：「噢！對耶，我太忙都沒空整理家裡，真抱歉。」

面對保母透過孩子傳遞過來的話，我並沒有放在心上，因為那是事實。我實在太忙亂，忙得必須去抉擇什麼事得先做，什麼事必須緩一緩。這是我的選擇，所以面對旁人的指導，我承擔得起，因為我不必對全世界負責，我只要對得起我自己的渴望，那就夠了。

當三三走進房間，看見洗衣籃裡的衣服山消失了，她大聲驚呼：「媽，你把衣服都洗了耶！」

我說：「是啊，今天剛好有空，就趕緊把衣服洗了。看你笑得這麼開心，這有什麼值得開心？媽媽每次都會洗呀！只是有時候洗得快，有時候洗得慢，但什麼日子該穿什麼制服，從來都沒少過，這有什麼值得笑的嗎？」

三三回應：「媽，婆婆說你沒把襪子洗乾淨，沒把家裡整理好，是個不好的媽媽。但是我覺得，你是全世界最棒的媽媽，你這麼忙，還記得幫我們把衣服山給洗了，洗完後還要把衣服摺回去衣櫥裡。你做了這麼多，婆婆還說你什麼都沒做。媽，你是我見過最棒的媽媽了。」

親子溝通的目標，不只是陪孩子走一段成長的路，其實，也是陪自己走一段過來不及從父母那裡得到的愛與完熟之路。

如果此刻看這本書，也是個擁有「母親」身分的你，親愛的「母親」，我必須告訴你，在這個世界上，你不必去符合別人強加在你身上的期待，也不必在乎別人是怎麼看你的。

這個世界從來就不缺乏批評與攻擊，所以你得扛得起攻擊，撐出屬於自己的一片天，供給你自己與孩子一個安全的小島。在這片天地裡，最重要的不是別人的目光和別人的想法，最重要的永遠只有你和孩子，只要你和孩子快樂，親子的關係無礙，那

麼，外面的世界說了什麼，又有什麼大不了的呢？

母親，這份工作，是我做過最剛強，也最柔軟的工作，得抵抗全世界，又得溫柔

呵護稚嫩的孩子成長，不為什麼，只因我們的名字叫「母親」。

第一部

對話前
觀念的釐清

1 打破慣性　無法對話的，是孩子還是父母？

一開口就被孩子情緒打斷，根本無法溝通。

是不是你想傳達給孩子的關心，和真正說出口的愛有落差？

一位母親來到我面前，向我訴苦，說她的孩子根本沒辦法進行溝通和對話。

媽媽再三強調，所有書上和課堂上提供的「對話的方法」她都試過了，但是對她的孩子而言，根本沒用，只要她一開口，孩子就發脾氣，而且完全拒絕跟她對話。

我很好奇她想對孩子說什麼？孩子為什麼這樣敏感，不願意聽？

媽媽說，因為孩子考試考差了，未來可能選不到理想的學校，現下只剩一次考試的機會了，所以她想表達她的關心，鼓勵孩子再努力一點，為下一次考試做準備。但孩子一聽到媽媽開口關心她的功課，整個人就像戰鬥的公雞，憤怒無比，根本沒辦法

對話，更別提想要說點鼓勵的話。

我核對媽媽話語裡想傳達什麼給孩子？是功課？還是對孩子的愛和關心？

媽媽很明快的告訴我，她只是想表達關心和愛。至於課業，只要孩子盡力了，也就足夠了。既然目標清楚，我請媽媽將我當孩子，示範一次和孩子之間的對話是如何進行的。

對話的主旋律

母親說：「孩子呀，你這次考試考差了，我覺得這次可能抵達不了你想要的學校，我想呀，這次成績不要填志願了，我們把目標設定在下次考試，只要你這段期間好好準備，我相信⋯⋯」

我打斷媽媽的話：「等等，你剛剛不是才說你想表達的是關心和愛，怎麼言談裡淨是考試和功課？」

媽媽說：「有嗎？我還沒關心到她的心情，就被女兒打斷，她根本只要聽到我開口提到考試，就會不停打斷我的話，然後強調自己考得很好。我如果再提到其他同學的成績，證明這樣的成績真的不算好，她馬上就發怒，責怪我為什麼老是拿她跟別人

比。我根本無法關心她呀。」

媽媽不停抱怨著：「孩子就是這樣脾氣很暴躁，根本無法溝通！」

我微笑，請媽媽與我的角色對調，我扮演母親，她扮演孩子，將她剛剛的話，原

原本本的向她說了一遍。

說完之後，媽媽臉色凝重，低頭不語。

我問媽媽：「你感覺如何？」

媽媽喃喃的說：「怎麼會這樣，我不但感覺不到話語裡一絲一毫的關心，還覺得

媽媽糟糕透了，只在乎考試成績，還要我把重點放在下一次考試，做更努力的準備，

怎麼會這樣！」

媽媽對於這樣的結果震撼不已。她想要表達的，和真正說出口的話，怎麼會落差

這麼大？

眼前的母親，是個好媽媽，她想成為孩子的依靠，只是經年累月的說話慣性，或

者說，過往的學習對象（父母），沒有示範好的表達方式供她學習，因此她說話的底

蘊，就會如過往父母對她說話的習慣，以具有壓迫的方式對話，而她自己卻完全不自

覺，媽媽已喪失準確表達訊息的能力。

產生向上力量的對話

我想起自己過去的生命經驗。

過去，父母希望我們努力讀書時，說出來的話語，夾雜著不信任。他們總覺得我們不夠努力，總覺得還可以再努力一點，或者嘮叨一陣之後不忘補充：我說這麼多都是為了你好，我是關心你，不然我才懶得說你。

但對孩子而言，孩子聽見的是煩躁和嘮叨，而不是支持。

對話的方式稍有差池，聆聽者的感受就會大大的不一樣。

無法和孩子好好對話，是誰的問題？答案是如此明白，孩子的應對，是學習或模仿大人的習慣而來。

這便是為何要學對話的原因了。

如何才能傳遞出真正的關心，而不再將焦點放錯位置？

我簡單示範了幾句，給了媽媽方向。

媽媽聽完震懾了，對我說的話有了感覺，眼淚從臉頰上嘩嘩而落。她抓住我的手，臉上有著感動的刻痕。

媽媽說：「聽到你像媽媽一樣對我說，有看到我的努力，而且很欣賞我即使疲累

也都沒有放棄，又說不管我考試成績好不好，都一樣愛我，讓我感覺好溫暖、好感

動，有被愛的感覺。我明白了。」

對話，能產生向上的力量，透過這股力量，可以引導孩子去做更努力的表現。只

要父母看中的是孩子的努力，孩子才會感覺自己被重視，往後孩子在做任何一件事情

時，便會記住這個印記：「努力會獲得好的回應，努力是會被看見的」，孩子就會更

想去努力了。

這是一個永恆的正向循環。

2 允許 接納失敗，比懊惱更重要

允許自己是個可以失敗的人，

因為，父母都在自己的能力範圍下，盡力了。

我是一個很少後悔的人。

我喜歡往前走，大步大步的邁進，在每一個當下，都全力以赴，縱有失敗，也感謝失敗帶給我全新的力量，以及改變的契機。因此在我的生命裡，我幾乎不曾將「後悔」兩字掛在嘴邊。

但如果真要提出一件我最後悔的事，我會毫不猶豫的說，「我後悔當初在養育孩子時，使用了『百歲醫生』的育兒方法。」

不是百歲醫生的方法不好，而是我忽略了孩子在嬰幼兒時期，是完全仰賴母親的

親密接觸，需要藉由母親給予穩定的依偎，才能發展安全的依附。當時我眷戀工作，把大女兒三三一個人放在偌大的房間裡，學習一個人入睡。

現在想來，對當時才剛出生的三三而言，確實殘忍。

當時我爭取到非常多寶貴時光，努力熬夜寫作，創作出一本又一本的書。

然而當孩子長大，看到孩子因為過去的教養環境而變得敏感纖細，雖然獨立，卻不安定，雖然渴望愛，卻對任何人都不信任。我對孩子感到無比虧欠，也甚是後悔選擇了這樣的育兒方式。

讓傷轉為前進的動力

嬰幼兒對母親的依附關係，經實驗研究證實，確實會影響孩子的人際關係，以及學習狀態。

然而，對三三最大的傷害，其實不是來自百歲醫生的育兒方式，而是自己當時對待孩子的態度，指令多於傾聽、怒罵多於等待、不滿的情緒多於欣賞，那是傳統教養的高壓方式。

父母，是扛著孩子、扛著家，往前行的重要負重者。當時的我，也是如此。因此

在工作與養育孩子的兩難中，找到可以執行的平衡，儘管方法並不完美，但卻已是我所能給予的最好方式。

薩提爾女士說：「每個父母，都是盡自己最大的努力，為孩子做到最好的父母。」

父母也許有做不好的地方，但父母都在自己的能力範圍下，盡力了。這句話，拯救了我，也讓我有了改變的勇氣，從愧疚困境裡走出來。

三三兩歲時，全身充滿了暴烈的情緒，面對衝突時她怒吼反擊，在在讓我看見因自己的對待而種下的傷（詳見《孩子永遠是對的》）。

面對三三兩歲以前的教養，我承認自己的失敗，但也允許自己是個可以失敗的母親。我欣賞自己沒有被失敗擊倒，並且決定重新學習新的親子應對方式，重整未來的親子關係。

孩子的傷，父母都看在眼裡，然而看在眼裡，不代表父母願意承認，一旦無法承認自己過去的錯誤，改變也會相對慢一些。

我很慶幸三三的傷，為我帶來覺察，也因著三三的傷，讓我有更深刻的學習。

雖然，我後悔過去使用了不適合的育兒方法以及傳統的「打罵教育」，但是我也感謝三三的這些傷，為我帶來巨大的改變動力，使我下定決心堅持走一趟薩提爾模式

的教養之路。

三三的傷，從兩歲直到今日九歲，每天每月我都在修補過去的傷口。看著三三也因我的改變而轉變，從憂鬱到開朗，從害怕到勇敢，從敏感到相對大而化之，每分每秒都在改變。我深深的感謝所有變化，更感謝她的出生與存在，讓我不再追求「完美」，而是走向「完整」的全人。

3 對話目標　為何我們總是傷痕累累？

只要有言語往來，勢必就會有誤會存在。

如何運用「核對」，讓問題準確對焦，是溝通能否順暢的關鍵。

對話，如果是一趟漫長的西方取經過程，那麼讓我們努力去追尋的目標，究竟是什麼？是家庭和諧，親子和睦？還是關係破裂，憤怒相向？

我想答案肯定是「親子和睦，家庭和諧」。

那麼什麼樣的「對話」，才會讓家庭走向和諧？什麼樣的話語，才會讓我們走在「對」的目標上？

在日常生活中，無論走到哪裡，都可以聽見類似的親子對話：

「再不乖乖吃飯，以後就不帶你出來。」

「快點把飯吃完再玩，不然我們就立刻回家！」

「你還慢吞吞，快一點！十、九、八……」

「你再哭試試看！等一下什麼都沒有。」

這些話語，是父母覺得最快速解決孩子問題的方法。畢竟在處理孩子哭鬧時，父母的內在已然湧起許多情緒無法平靜，然而這些不平靜轉換而成的語言，句句是「威脅」。別說孩子聽了威脅後將是多麼不平靜，即便是大人，面對這些威脅，也肯定會如原子彈爆炸般憤怒吧。

許多父母總說：「孩子總是一而再、再而三的測試父母的底線。」

之所以會這麼說，是因為孩子總是在父母再三告誡後，仍然不知收斂，反而上演各式各樣奇怪的挑釁行為，引爆父母內在的地雷。

其實，這不是孩子願意的。

被壓迫的氣球

孩子的內在宛若一顆氣球，大人的「威脅」是一根施壓的棍棒。當我們拿著棍棒朝氣球施壓，氣球接觸棍棒的表面，肯定會呈現凹陷；然而球內氣體不變定律，氣體

肯定會從表面張力比較薄弱的地方竄出，形成各種奇怪的形狀，這便是孩子造反、爆衝行為的由來。

即便是壓力鍋，也需要洩壓的時刻，更何況是人。

孩子面對父母的威脅和指責，內在的感受勢必覺得委屈，甚至憤怒。父母若從未幫孩子建立良好的宣洩管道，那麼孩子只得從各種奇怪的行為洩壓，如摔東西、尖叫，或舉凡父母規定不能做的，他們都會去做，藉此達到對父母抗議的目的，或緩解內在的苦悶。

這也是父母總覺得孩子一直在測試他們底線的原因。事實上，孩子有很大一部分是在抒發自己的情緒，藉此達到內外壓力的平衡，否則他們會在某個無法承受的點，出現爆炸現象。

爆破與和諧，經常是一念之間。因此父母若能在口出威脅之前，明白這些對話無助於前往「和諧」的目標，明白愈想快速抵達目標，就愈不該用言語威脅孩子，因為威脅不會讓孩子「乖乖吃飯」，反而會讓孩子「鬧脾氣」；倒數計時不會讓孩子「加快速度」，只會讓孩子「更崩潰」。

什麼樣的「對」話，才能讓我們貼近孩子？讓父母朝著「和諧」的目標前進？

關鍵在於：如何正確提問，讓問題準確對焦，讓對話聚焦。這便是所謂的「核對」，如何在溝通時運用「核對」這項工具，是溝通能否順暢的關鍵。因為，只要有言語的往來，就勢必會有誤會存在，因此「核對」可以解決這個問題，釐清問題的根本，省去不必要的曲解。

「核對」這項工具，能幫助人與人、父母與子女的焦點更清晰，亦可全面浸潤於對話之中。

先安頓內在，才對話

一日，我開車帶全家人出門。路程中，二女兒川川突然煞有其事的叨唸著：「我好想要有個姊姊哦！」

我在開車，沒聽懂川川話中的意思，困惑的說：「你有姊姊啊。」

川川這時又重申了一次：「我是有姊姊沒錯啦，可是我不想要這個姊姊，我想要一個會疼我又愛我的姊姊啦！」

透過我的解讀，我猜川川的意思是：大姊三三對她不好，所以她很希望姊姊能對她再好一點。

於是我核對川川內心的想法，再次提問：「川川，你想要一個怎麼樣愛你、疼你的姊姊呢？」

川川：「就是會送我東西，不會罵我的姊姊呀！」

我再次核對：「原來川川要的是一個會送你東西，而且不會罵你的姊姊呀！可是我怎麼記得三三姊姊昨天才送你好多東西……」

川川：「對呀，姊姊昨天送我好東西，也是好姊姊啦，但是姊姊會罵我……」

我又一次核對：「噢，原來姊姊有罵你呀。那昨天姊姊送你東西時，也是一邊送你一邊罵你嗎？」

川川：「沒有啦，昨天姊姊很棒，送我很多東西，也沒有罵我，昨天姊姊是好姊姊，可是後來姊姊還是有罵我……」

我幾次核對，為川川帶來了省思，讓川川重新審視姊姊的行為，進而欣賞姊姊好的一面。

我：「我也有看到姊姊罵你，但是川川，我想請你記住姊姊對你的好，並且給姊姊多一點時間。姊姊很聰明，她學得很快，我相信只要給她時間，我想她應該……」

就在此時，爸爸插話了。他對川川說：「噯！這個姊姊不愛你，你就不要認她當

姊姊就好啦。你之前不是有遇到很愛你的『可愛』姊姊嗎？你就認那個『可愛』姊姊做你真正的姊姊啊！」

我一邊開車，一邊瞪大眼睛看著先生。

先生這番話是激將法，這不但不能解決問題，反而讓一旁的姊姊聽了內傷，甚至演變成嚴重的情緒問題。果然，姊姊立刻在我身後崩潰爆哭，大聲嘶吼：「爸爸好壞！我討厭爸爸。」

先生自以為正在「解決」兩姊妹的問題，希望藉由話語的刺激，能激勵姊姊做個符合妹妹期待的好姊姊。然而這些話聽在姊姊耳裡，除了「指責」，沒有別的了。任何人聽見自己被指責，心情都是憤怒的，面對憤怒的情緒，大人都無法適時安頓內在，更何況是孩子。想將憤怒的情緒轉為奮發向上的努力，先生想得太美好了。

然而面對姊姊的崩潰，爸爸忘了先「核對」姊姊的感受，繼續以自己的慣性回應：「我又沒說錯，你不喜歡川川，每天都罵她，不把她當妹妹來愛，那就讓喜歡川川的人來當她姊姊就好啦。」

這種壓迫式的對話，姊姊會因此自我反省？學到對妹妹好一些？結果正好完全相反。爸爸慣性的對話，如同一隻拳頭，重重壓在三三的胸口上，三三果不其然哭得更崩潰了。

我拍了拍爸爸，說：「對話的目標是為了和諧，你這番話比較像是挑撥離間呢。」

爸爸辯解：「我又沒說錯，妹妹被姊姊這樣對待，都想換姊姊了，我當然要⋯⋯」

爸爸的話還沒說完，姊姊號哭未止，妹妹突然憤怒相向，竟然對著爸爸嚷嚷⋯

「爸爸壞壞，我要三三當我的姊姊啦！爸爸壞壞！臭爸爸！」

先生聽矇了，他沒想到自己幫妹妹出氣，得到的卻是被兩姊妹討厭。

父母與孩子間的對話，目標若是「和諧」，那麼在說話之前，千萬別被慣性牽著跑，盡量讓自己的話語放在「核對」的脈絡裡，將省去許多不必要的情緒波瀾，也會更貼近孩子的內在。

第二部

解構
對話路徑

一

停頓
讓問題跑一會兒

停頓，在對話過程裡，屬於基礎能力，也是父母掌控親子對話節奏，最主要、最得力的工具。

停頓有太多的益處，無法一一盡數。停頓的奧妙，也難以盡說，只有涉入對話的學習者，真正使用它，才能明白停頓的必要性。

剛開始使用「停頓」這項工具，可能較不易上手，但若轉換為白話一點的說法，停頓就是「讓問題跑一會兒」，應該就不難理解如何使用。

例如：孩子摔倒，前來找父母哭鬧、討抱，那麼大人只要照孩子的想望，讓孩子哭一會兒，或抱孩子一會兒，任由孩子的情緒跑一會兒，看看一段時間過後，孩子的情緒有何變化。

例如：手足爭執，哥哥與弟弟爭奪玩具互不相讓，做父母的就在一旁看著兄弟倆的衝突即可，讓衝突自己跑一會兒，看有無其他變化。

父母若因為孩子哭或吵鬧，而覺得疲累萬分，也可以趁著讓問題跑一會兒的空檔，適時調整自己的呼吸，在停頓的縫隙中緩慢穩定自己的內在。

停頓，有著多層次的意義，有時是為了讓自己即將高漲的情緒恢復平穩，有時是為了拉開距離，讓彼此都能用更豐富為了讓彼此有足夠的時間思索與覺察，有時則是

在這一章節，將會利用一次「手足衝突」事件，完整解構「對話脈絡與工具」。

停頓這項工具，用得好是藝術，運用稍有差池，則是冷戰。

的目光，重新理解對方、貼近對方。

調解手足衝突的對話脈絡

以下先呈現對話的全貌，讓讀者明白整起事件的來龍去脈，以及對話的路徑。

今年暑假，我和先生帶著三個孩子在台東遠地旅行。

帶孩子出門旅行，肯定都有這樣的經歷：歡喜的帶孩子出遊，最後卻狼狽回家。

讓父母狼狽的，絕對不是旅行的路途多遙遠，而是路上孩子們的爭執衝突，哭聲尖叫崩潰聲不絕於耳。

我的孩子也是如此，台東八天的旅行，從出門那一刻鐘就戰火四起，爭執不斷。

旅行到了第三天，一早出門前，姊姊三三和妹妹川川發生爭執，姊姊忍不住動手打了妹妹。

妹妹瞬間悲從中來，哭得肝腸寸斷，於是我開啟了對話，其路徑如下：

我（對川川）說道：「我知道你很委屈，媽媽答應你一定會處理好這件事，你願

意相信媽媽嗎？」

川川：「我相信。」

三三忍不住好奇的問：「媽媽，你會怎麼處理？」

我道：「這次旅行已經過了三天，我在思考這次旅行的意義，未來還有五天的行程，我該用什麼樣的理由支撐自己繼續走完全程？」

三三困惑：「媽媽，你說的是什麼意思？我聽不懂。」

我重新述說：「我的意思是，旅行已經第三天了，這三天來，你們是開心的時候多，還是吵架的時候多？你能告訴我嗎？」

三三回答：「吵架的時候多。」

我說：「那麼，請你告訴我，能支持我繼續走完剩下旅程的理由，是什麼？」

三三無法回答我的提問，反而執拗的說：「媽，我不想回去，我想繼續旅行。」

面對三三的反應，我附和：「我也想繼續旅行，但想要繼續旅行，不代表可以動手打人，更不表示我能接受旅行時你和妹妹兩個人每天吵架。所以，我需要你告訴我，支持我們繼續旅行的理由是什麼？」

三三沉默了好一會兒之後，緩緩說著：「媽，我會跟妹妹自己處理好問題，之後也不會一直這樣吵架，等我和妹妹處理好問題後，你願意繼續帶我們旅行嗎？」

上述對話，看似簡單，但是若能明白內裡每個困境的處理工具，以及對話轉彎的緣由和運作的原理，在何處將對話停頓，就能讓對話成為力量，自己生出翅膀，扇起一陣清風。

接下來的章節，將介紹幾個「對話」過程不能缺少的「工具」與「觀念」：

1. 停頓
2. 破口
3. 發言權
4. 核對
5. 規範

1 停頓 傳統對話與停頓對話的差異

用恫嚇威脅迅速解決問題，孩子只會像爆米花一樣炸開。

面對手足衝突，不急著處理，停頓一下，先穩定自己的內在。

過去，大人在介入孩童衝突時，總是盲目的進入對話場域，尤其聽到孩子頂嘴、爭論，甚至打鬧，父母就彷彿著了魔似的，不由自主的跳入衝突中，希望以自己的介入消弭戰火。

然而盲目的跳進戰火，想以「父母」的位階去處理孩子的爭執所開啟的「對話」，不是真對話，那只是想要孩子「聽話」，而營造出來的「假對話」。

假對話的目標是「企圖解決紛爭」，想以高壓的方式快速解決，如第一單元「對話的目標」所提，結局就會是「父母只會得到更多崩潰的孩子」，這便是傳統對話和

停頓對話間的差異。

傳統對話經年累月在各個家庭中發生，我和先生共組的家庭也不例外。從趕火車拖拉行李，到抵達台東後改以開車做為交通工具，在狹小的密閉汽車內，誰又不小心碰了誰，兩姊妹幾乎到了水火不容、凡事皆爭的地步。一連三天，我和先生的耳朵都處於燒焦狀態，在這樣的情況下，旅行還要繼續嗎？

當然要，為什麼不？

旅行是手足長時間相處，學會如何處理衝突的最佳時機呀！

讓問題跑一會兒

面對孩子間的爭戰，父母該如何讓自己的情緒平穩，是引導孩子學習的關鍵。

該怎麼處理這類問題？

「讓問題自己跑一會兒」在此刻便能派上用場。

在兩姊妹的衝突裡，我調整自己觀看戰火的距離和心情，不急著處理孩子間的衝突，抱持著「讓問題跑一會兒」，看看問題能撞出什麼曙光來，也藉停頓的時刻，穩

定自己的內在，不隨著孩子的爭執而心情有所起伏。

旅行持續，孩子爭執也持續，有時候「問題」自己會找到解決的方法，兩姊妹突然戳到彼此的笑點，姊妹哈哈大笑，問題就會自己化去。

有時候問題找不到解決的方法，衝突便會以各種事件為由，不斷出現，讓姊妹倆衝突的浪潮一波高過一波。

面對衝突的浪潮，我內觀自己的心，沒有什麼波瀾，心緒仍是平穩，我便雲淡風輕的看著兩個孩子的一切。

然而，我的平穩並不能為我的先生帶來平靜。面對孩子的衝突，先生（爸爸）顯得浮躁不耐。

第三天一早，姊姊和妹妹又因為某事吵得不可開交，姊姊受不了妹妹一再越界觸摸她的東西，在屢勸不聽的情況下，姊姊動手打了妹妹的臂膀。

兩姊妹上車後，各有自己的委屈，一個憤怒（因東西不經同意被觸碰），一個崩潰（因被姊姊打了臂膀），車子裡充斥著叫罵和哭聲，不得寧靜。

坐在副駕駛座的先生，對於女兒們的爭吵，實在忍受不下去了，終於開口介入她們的戰爭。但先生愈想解決「吵架」的問題，說出來的話便會是「傳統高壓」方式，

孩子的情緒也會因壓迫而反彈。

果不其然,先生一開口,第一句話便是:「誰再吵,就去坐別人的車,不准坐我們的車。」

傳統對話的困境

從這句話,看得出先生面對孩子間的爭執已經到了忍無可忍的狀態,他只想把「問題」扔出窗外,眼不見為淨。

這便是傳統的對話方式,以「解決問題」為導向的對話,想以高壓的方式壓制住孩子的紛爭。

但是先生的話語一出,立刻應驗了「愈想快速解決,就愈難解決」的道理,三個孩子情緒瞬間全部風起雲湧,後座哀鴻四起,抗辯的抗辯,不服的不服,紛紛訴說自己的委屈。

姊姊馬上抗辯:「是妹妹先弄我的,我一直請她不要弄,可是她都不聽,我又沒有怎麼樣。」

妹妹也抗辯:「我只是輕輕弄姊姊的東西,姊姊就打我很大力,姊姊要去坐別人

的車才對。」

接下來換弟弟跟著鬧情緒：「我什麼都沒做，為什麼我也要下車？我要去玩、去玩、去玩！」

車子裡鬧哄哄，充斥著各種情緒，比原先兩姊妹爭執的聲音更令人頭疼，車頂都要掀翻了，再怎麼理智的人坐在車子裡，腦袋都要炸掉。

這便是傳統對話與停頓的差異。傳統的對話，習慣以高壓方式去對話，大人只想趕緊解決問題，因此認定高壓的語言，恫嚇威脅孩子，就能把問題壓下去。

但事實證明，壓下去的，是孩子對父母的尊敬；壓不下的，是憤怒與不滿。

孩子的怒吼和哭聲，若能以和緩口吻處理，孩子的情緒也許有機會紓解。可惜先生介入時，內在已經是煩躁不耐的狀態，如今哭聲又比之前更瘋狂，先生感覺自己不被尊重，爸爸的地位受到嚴重考驗，在已然升起的情緒上頭，更增添許多憤怒，平穩的內在早已離他而去。

面對這種情況，先生只想讓滿車的吵鬧再次「快速」安靜，於是先生憤怒大吼：

「再吵就統統下車，不准出去玩了！」

三個孩子被爸爸這麼一吼，只安靜了三秒，隨後一個個像爆米花炸開，以更高分

貝的哭聲和尖叫來回應爸爸的情緒。

先生呼吸艱難、臉色漲紅，瞬息之間頗有絕地大反擊之態，一場山洪猛獸的戰爭一觸即發。

這便是傳統對話的困境，因為父母只能一而再，再而三的上調音量，想利用聲量鎮壓所有叛逆的孩子。可惜，最後只得到狼狽的結局。

2 破口 尋找對話的契機

處在情緒張力的高點，並不是對話的好時機，

耐心等待對話的「破口」，再行對話之實，會容易許多。

買賣股票，講求進場和退場的時機；對話也一樣，進場退場的時機，牽動對話的過程與結果。

做電視節目，有個專有名詞叫「破口」，是專門讓廣告插入的地方。

對話要切入，也需要在日常生活中找破口做切入。

對話進場的破口與時機，該如何判斷？

底下是三個「適合對話」的要點，想進入對話的父母，可以時刻檢核狀態是否符合這些要點：

1. 大人內在平穩

這是最關鍵也是最重要的要素，只要這個要點能確立自己情緒「平穩」，無論何時何地，都是對話的好時機。內在平穩，才能以海洋之姿，接納百川的匯流，洞悉孩子行為背後的訊息。

2. 孩子情緒平穩

啟動對話時，不宜選擇孩子情緒正在高張的當下，如果孩子情緒高張，如：崩潰、大哭、嘶吼、歇斯底里等行為出現，孩子的理智、聽力（認知系統），都呈現自動關閉的狀態，再多的語言都是無效的。因此，當孩子情緒仍在沸騰的狀態，孩子需要的是發洩情緒，這時不適合對話。父母此刻只需陪伴孩子，不必急於進場對話，等待孩子情緒平穩後，再開啟對話。

3. 目標與意圖

在進場對話前，目標的設定，影響著對話進行時的語態與節奏，想要成功貼近孩子的內在，對話的目標當設在「陪伴」、「引發孩子覺察」，其語態與節奏便不會躁進。若目標設在「解決問題」，為了想盡快抵達目標，內在就會急躁，語態便會顯得

不耐，不耐的情緒又讓對話節奏更顯煩躁、口吻激動，如此不停的循環遞增惡劣的對話環境，將不利於雙方溝通。

因此，當孩子在旅行途中屢屢有爭執，先生貿然介入，已錯失「內在平穩」的基礎。再加上先生以「解決問題」為目標導向，在言語中增加了壓迫式的言論，孩子會產生情緒反彈，是可預知的結果。

靜觀衝突的微妙變化

面對先生與孩子一觸即發的戰火，我該如何介入對話呢？介入對話之前，又該注意些什麼？

答案是，繼續讓問題跑一會兒。

姊妹爭執，我鮮少第一時間介入，縱使姊妹的情緒現在因爸爸的話語而崩潰，我也先允許她們發洩，也允許先生以自己的方式管教孩子，不加以批評或指導……事實上，這些皆是「讓問題跑一會兒」。

當然這也包括姊妹衝突，我已讓問題自己跑了三天呢！

決定在第三天出手介入戰爭，除了孩子爭執的曲線日益上升，絲毫沒有減緩，另

一原因是先生也捲進戰爭裡，這是影響我進場的關鍵。

進場前，我依上述提及的「適合對話」的要點，依序審視自己內在，確認自己是平穩安好的，再審視孩子的情緒，孩子的情緒因先生的刺激，處在張力的高點，因此並不是對話的好時機，我得耐心等待對話的「破口」，再行對話之實。

因為我知道，誰愈急，誰的位階就相對弱勢，因此即便我已經進場，我也只對正在哭泣的妹妹川川說：「我知道你很委屈，媽媽答應你一定會處理好這件事，你願意相信媽媽嗎？」

坐在後座的川川不哭了，點頭回應「相信」，於是我繼續開車，川川則安頓了自己。

先生知道我要接手處理，內在也穩定了。

接下來，我將所有問題拋於靜默的車廂空氣裡，讓問題自己跑一會兒。

我專注的開車，先生看他的風景，妹妹安穩的等待，弟弟則不知發生什麼事而專注玩自己的玩具。

車子裡異常安靜，每個人都平穩，只有一個人例外，那個人是姊姊。

通常，讓問題跑一會兒之後，對話的破口會顯現，我們只要在破口出現時，認出它，並且適時的進行對話。

姊姊在車內顯得坐立不安，時間如針氈，刺得姊姊渾身難耐。

最後姊姊終於受不了，打破滿車的寂靜，直搗黃龍的氣勢，直問我：「媽媽，你會怎麼處理？」

誰愈急，誰的位置就相對弱勢，現在姊姊有求於我，我便得到發言權。孩子主動找上門的，都是希望父母開口，而且是願意聽父母說話的，這比父母主動去找孩子約談，還要珍貴許多，因為找孩子約談，只會讓孩子感覺壓力而有所防備，還會讓孩子產生不耐與排斥。

這便是讓問題自己找破口的優勢。

3 發言權 有效的對話

時刻檢視自己是否處於「適合對話」的狀態，
如果能做到「貼近」和「引發覺察」，便是一次好的對話。

對話裡的發言權和網球比賽的發球權一樣，得到發球權，攻城掠地的戰績才會是你的，因此搶到發言權是很重要的。

發言權得來不易，許多父母為了搶這發言權，劈頭就想展現權威，以雷霆萬鈞之勢做開頭，教訓孩子太過吵鬧，結果下場是：語言表達不善的幼童會以崩潰情緒回應，大吵大鬧，最後父母灰頭土臉收場。大一點的孩子語言雖然完善了，但他們知道多說沒用，因此只能生悶氣，感覺很委屈。更大一點的青少年不是暴跳如雷的頂嘴，不然就是甩頭走開，冷戰決裂就此展開，弄得父母狠狠萬分。

現在明白孩子主動拱手讓出的發言權有多珍貴了嗎？

發言權是讓父母能像個人一樣，和孩子好好說話，而且能讓孩子全神傾聽你說話。這樣的發言權，是很難得的。

這麼珍貴的發言權，要怎麼使用呢？

引發孩子好奇的對話

許多父母得到寶貴的發言權，卻不懂運用，一拿到發言權，舊有的責罵模式立刻上身，以權威的方式教訓孩子，這不僅浪費了好不容易得到的發言權，也讓自己重返最初的困境，孩子也會以情緒對抗，根本無法溝通。一如前面提到，姊妹倆在旅途中的爭執，先生以傳統高壓方式進行對話，不僅瞬間喪失對話的發言權，更引起孩子諸多的抱怨與不滿。

在對話的過程，除了時刻檢視自己是否保持「適合對話」的要點，對話時，選擇提問的方式也很重要。如果每一次的對話，都能做到「貼近」和「引發覺察」，便是走在好的對話上。

因此，面對大女兒三三提問：「媽媽，你會怎麼處理我們？」

我該回應什麼，才能繼續保有這個發言權？

對話時，記住「三不，一要」的口訣，對話的路徑就不至於偏頗。

1. 「不」要老是想解決問題。

2. 「不」要用自己的觀點評價孩子。

3. 「不」要給孩子答案。

此為三「不」，至於一「要」，則是──「要」用提問的方式，讓孩子自己說出「答案」，這是對話是否成功最重要的關鍵。

為了讓體會能更深一點，底下我羅列出四種回應，大家可以瞬間明白，哪種說話方式會引起戰爭，哪種是有效的對話：

1. **你還有臉問我想怎麼處理？**（此話踩到「三不」中的「不要用自己觀點評價孩子」的雷區）

2. **都是你動手打妹妹，我說了幾百次不能動手，你為什麼總是做不到！**（此話踩到「三不」裡的「不要給孩子答案」的雷區）

3. 你說呢？（此為無效對話，因為它無法為孩子帶來覺察，只會讓孩子感到壓力與防衛）

4. 這次旅行已經過了三天了，我在思考這次旅行的意義，未來還有五天的行程，我該用什麼樣的理由支撐自己繼續走完全程？

從這四句對話的方式，不難看出第四個選項是最不會引發孩子情緒，也是最不會讓父母丟失發言權的一句話。

第四個選項的對話，沒有責罵，沒有指責，又能引發孩子的好奇，我將此對話稱之為「有效的提問」。

4 核對 讓孩子從幽谷中覺醒

孩子經過自己的思考所說出來的答案，表示願意為此答案負責，猶如氣球在內部安裝加壓減壓器，情緒便不會扭曲變形。

於是，我再次提問：「我的意思是，旅行已經第三天了，這三天來，你們是開心

於是，我再次提問：「媽媽，你說的是什麼意思？我聽不懂。」

孩子聽不懂問題，是正常的，這時只要換個方式再提問一次（換句話說）。

三三無法理解我這句提問，於是問我：

既核對了「旅行的意義」，又核對了「爭執的行為」是否得宜。

個提問，我展開的是「核對」的對話脈絡。

這句「旅行的意義，以及未來還有五天的行程，我該用什麼樣的理由支撐自己繼續走完全程？」表面上看起來是在問我自己，但實質上，我問的是姊姊三三。藉由這

的時候多，還是吵架的時候多？你能告訴我嗎？」

這提問，聚焦於我想探討的問題。這句話本身無關指責，無關批評，也不以自己的觀點來批評孩子，而是請三三來告訴我她對於這次旅行的觀點與評價。

三三不假思索的回我：「吵架的時候多。」

由孩子嘴巴說出的觀點與評判，孩子才會信服，遠比父母憤怒咆哮指責，更能讓孩子覺察錯誤。這樣的提問，便是一次有效的提問。

啟動孩子內在的覺察

傳統的親子對話，經常是父母以「自己的價值判斷」，來詮釋他們所看到的事物，放在此處對話裡，傳統的對話就會變成：

「你們旅行時吵架的時候比開心的時候多很多！你們太吵，一點都不乖，一點都不體諒大人帶孩子旅行的辛勞。」

這樣的對話便會落入嘮叨、責罵、訓斥等舊有對話慣性。以大人的觀點來教訓，一如前章所提及的「氣球理論」，在氣球內部壓力不減的定律下，大人於外在施壓，只會讓氣球變形。雖然氣球在受壓之處會凹陷，看起來好像被控制住了，但事實上，

氣球內在壓力會在他處膨脹變形，這便是多數親子屢屢發生衝突的緣因。

反觀此處，三三經過自己的思慮所說出來的答案：「吵架的時候多」，意味著這是她對此次旅行所做出的詮釋，猶如在氣球內在放入自動幫浦，自動加壓減壓，氣球便不會扭曲變形，更不會爆破。

「有效對話」已經鋪展開來，那麼第二句話該落在何處？

只要繼續在核對的脈絡上，以「有效的提問」做對話，在過程中繼續掌握「三不一要」的原則，以此周而復始下去即可。

因此我的第二句提問是：「我和你一樣，也覺得你們吵架的時候太多了。三三，你能告訴我，旅行是為了得到開心？還是吵架？」

我再次向三三核對「旅行的意義」，藉由核對，啟動三三內在的覺察（這是對話的目標）。

三三回應我：「當然是為了開心。」

自己永遠是自己的上帝，一旦說出口的話，會變成自己的信仰，一旦成了信仰，就不容自己反悔改變，會繼續信仰下去，成為莫名的約束力。而這種信仰，便是由內而外一致性的起點。

因此三三回應的這句話：「當然是為了開心」，如同船隻的舵，定義出航行的方向。為了抵達目標，她會全力遵守她選擇出來的方向，這個方向對她而言便產生約束，因為是她自己允諾的，無法賴皮辯解，她已經為自己做出一致性的承諾。

三三的一致性的承諾展開來了，後面的對話可以水到渠成，只要繼續有效的提問（深層的核對）：「既然旅行是為了快樂，你們吵架已經吵三天了，請告訴我，我們還有繼續旅行的理由嗎？」這句話看似回到第一句的提問上，但回程的對話，與來時的對話已經有了完全不同的意義，這句有效的提問藉由反覆的核對，點出了這次旅行的問題關鍵。

三三沉默了。

我在她的沉默中繼續開著車，沒有打擾她的沉默，我明白三三正在思索。

給彼此停頓的空間

孩子思索時，也是我「停頓」的最佳時刻，讓問題跑一會兒，能讓我稍做自我覺察（我內在是否依然平穩？），也拉開距離對孩子做觀察。

靜默一會兒之後，三三回應道：「可是媽媽，這趟旅行，我也有做很多好事啊！」

像摺衣服、洗衣服、幫弟弟洗澡。」

我為三三的回應感到感動，絲毫沒有覺得這是她的抗辯，由於自己的平穩，讓我看得更深遠，我看見她在我的開闊中，滋養了她的自信與價值，她願意為自己的權益絞盡腦汁，奮力爭取，這是她的優勢與資源。

父母若是開闊且接納的，孩子便能在父母的開闊中完全展開自己的翅膀，為獨立飛翔做準備。

三三在旅行中的付出，我給予正向的回饋：「是的，你確實在旅行中做了很棒的事，我都看見了，我非常感動，謝謝你。」

然而，欣賞孩子的優點，並不等同我允許她打妹妹，因此我再次做出核對，並且使這份「核對」符合「有效的提問」。

「那麼，你能告訴我，在旅行中，你做的好事多，還是吵架的時候多？」

三三聞言，又陷入一陣沉默，久久才緩慢開口：「吵架的時候多，而且是多很多很多的那種。」

三三再次闡釋了她的認知。這份認知，不是由我來判決，也不是因為我的脅迫而說出口，完全是由她自己覺察而來。這份覺察，正是對話裡最終的目標，如此才可能帶來改變。

我以緩慢的口吻，再一次詢問她：「那麼，請你告訴我，支持我繼續走完剩餘五天旅程的理由，是什麼？」

三三再度陷入漫長的沉默中，覺察也更深沉。

三三的思緒在翻湧攪動，我靜靜的等待著，讓問題自己再跑一會兒，藉著停頓的時光，給彼此深深覺察的空間。

5

規範　與孩子站在同一陣線

以自己的期待來回應孩子的期待，藉此清楚傳遞家庭規範，如此既能同理孩子的處境，也能讓父母和孩子站在同一陣線上。

一個家庭有一個家庭的文化與規範，孩子為了存活，勢必得在家庭的規範下，找到生存的方法，確保自己能順利長大，這便是孩子求生存的本能。規範，也是父母養育孩子成為獨立自由的個體前，運轉一個家庭必要的手段。

家庭規範，一如一個國家對內的法律，想在這個國家內生存的人民，必須遵守國家的規定，如此才能使國家運轉無礙，人民才能得到最大的自由。

也因此，與孩子對話的過程，在來往的對話中，清楚傳遞家庭規範，使成員遵守，亦是必要的。但規範並不是僵硬呆板的教條，而是隨時可以包容百川匯流的活

水。一如法律雖是死的，但法官卻是活的，因此相同的案例，在不同的法官判決下，都有不一樣的結果。

與孩子對話時，父母在不違背「貼近孩子」的前提下，適時將家庭規範傳達清楚，也是對話時需要帶入的。

引導孩子自己想到辦法

我的提問「那麼，請你告訴我，能支持我繼續走完剩下五天旅程的理由，是什麼？」亦是導入家庭規範的引導句，藉由提問，讓三三能不斷在此界線下做出覺察。

三三沉默後，開口的第一句話是：「媽，我不想回去，我想繼續旅行。」

這是三三的期待（想望），面對期待，大人的回應通常不是「答應」就是「否定」，鮮少用期待的方式表達，也喪失了與孩子連結的機會。因此，面對這類問題，只要先與孩子做出連結（同理），讓孩子感覺被理解、不至於孤單後，再表達家庭內成員應該遵守的規範（不能跨越的界線）。

我回應三三：「我也想繼續旅行。但想要繼續旅行，不代表可以動手打人，更不表示我能接受旅行時你和妹妹兩個人每天吵架。所以，我才如此需要你告訴我，支持

我們繼續旅行的理由是什麼？」

「我也想繼續旅行」，這句話在表面上看來，是我的期望，但事實上是回應三三的期待，並且以自己的期待來貼近孩子的期待，藉此同理孩子的處境，如此一來，我和孩子就能站在同一陣線上來看待事物。

「想要繼續旅行，不代表可以動手打人，更不表示我能接受旅行時你和妹妹兩人每天吵架」這句話，再度清楚告知三三，我對於家庭規範的界線與堅持。

在這句對話上，我既貼近了孩子，又重申我的原則以及家庭規範，三三便能在愛裡得到滿足，又能在家庭規範中找到生存的方式。

三三再次大規模的沉靜，她陷入更深層次的思索與覺察。

最後，三三打破滿車的沉靜，以堅定的口吻對我說：「媽，我跟妹妹會自己處理好問題，之後也不會再一直這樣吵架。等我和妹妹處理好問題後，你願意繼續帶我們旅行嗎？」

問題跑一會兒之後，問題和三三一起破繭，三三成為自己的主人，而不是被情緒牽著跑。三三自己想到的辦法，才能讓她信服，她也才願意遵守，這便是由內而外、表裡合一的一致。

耐心與孩子深層對話

「問題」從來不是問題，大人怎麼「應對」，才是真正的問題，薩提爾女士如是說。我秉持著信念，讓問題自行奔跑，問題從來就無須父母介入，無須大人處理，更無須去擔憂，孩子要的，是大人沉穩的陪伴，引領他們趨於完整，成為完整的人。

三三能以此種綜觀全局的姿態，主動帶妹妹解決彼此間的衝突，讓我感動不已。

我回應她，以愛的方式：「當然願意，我也非常想繼續旅行，我等你。」

得到愛之後的三三，展現的高度更高了，領導能力也更上層樓，做事顯得圓融許多，不僅主動帶領妹妹處理困境，誠懇的向妹妹道歉，也與妹妹一同討論下一次又爭執時，姊妹倆該如何。三三破繭後的能量，巨大無比。

我一邊開車，一邊聽後面三個孩子的笑聲，內在如沐春風般清爽。

然而，與三三這樣深層的對話以後，姊妹就不會再吵架了嗎？

在寫小說、寫故事的領域裡，我們都知道，只發生一次的事情，叫偶然；發生兩次的事，叫巧合。那三次以上呢？那叫有意義的伏筆。

孩子的成長也一樣，出現深層的對話一次，那叫蜻蜓點水；發生兩次的深層對

話，那稱之巧合；展現三次以上的深層對話，那叫刻意練習。刻意練習，能讓孩子記住這個慣性，也才能成為孩子成長過程中有意義的伏筆。

對話的目標，從來就不在「解決問題」。親子對話前，請別再落入「想解決問題」的困境裡，孩子在成長過程中屢屢犯錯，才能屢屢學習，而我們也才能屢屢陪伴孩子成為一個不完美、但是完整的人，這才是父母之所以成為父母，在陪伴孩子長大的過程中，最重要的使命。

正向對話

就讀小班的兒子一一，在某次晨起上學的時刻，向我表達：「不想去上學」的訊息。

由於一一表達的時間，和早上叫他起床的時間很靠近，因此分不出是「不想上學」，還是「不想起床」。仔細探詢之後，一一表示他不想去的原因有二：

一是他上課不小心跟別人說話，老師會很凶的叫他起來罰站。

一是他藏在書包裡的玩具被老師發現，老師會很凶的罵他。

針對第一個原因，我將我與一一的對話列於下方，但是遮去我回應的部分。

請讀者實際操作看看，要填入什麼樣的對話，才能得到一一的應對與回答，並且在填寫完畢後，試著解析填入的對話中，是否符合本單元所提及的對話核心路徑：**核對**。

媽媽：你不想去學校，最近學校是不是發生什麼事讓你不想去呢？

一一：因為我帶玩具去學校，老師就罵我。

媽媽：我沒有拿出來玩，老師搖搖書包，就發現我有帶玩具。

一一：老師就很生氣罵我了呀！

媽媽：對呀，我會害怕，所以我不想去學校。

一一：沒有，其他人都沒有帶玩具，只有我有帶。

媽媽：只要沒有帶玩具去學校，老師就不會罵我了。

一一：我可以呀！我可以忍耐。可是這樣我去奶奶（保母）家就沒玩具了，我想帶玩具去奶奶家呀。

媽媽：那這樣好不好，媽媽答應你，上學前你先告訴媽媽有哪些玩具需要送去奶家，媽媽在你放學以前先送過去，這樣你就可以玩到你想玩的玩具了，你覺得好嗎？

一一：好呀！媽，那你明天幫我帶轉轉蛇和挖土機。

隔天一早，一一起床時，沒有再鬧情緒說不想去學校，而是情緒穩定的晨起梳洗，背書包上學去。

重視孩子每一次的求救訊號，孩子有可能因我們的靠近，有了支持的力量，才能變得更勇敢，變得更獨立。

二

聽核心
新對話精神

近日聽聞了幾個家庭故事，頗有感觸。

第一個故事是個新聞事件。有一個母親，帶著一個五歲大的男孩到公園玩耍。離開時，不知何故，母親憤怒撇下孩子，開車要離去。大馬路上，孩子聲嘶力竭的扒著汽車，拜託媽媽不要走，拜託媽媽留下來，拜託媽媽原諒他，他已經知道錯了，會悔改，只求媽媽不要走。

但媽媽仍氣憤的開車離去，孩子因為恐懼被遺棄，因此趴在汽車後車廂上，隨著母親開動車子，孩子也懸掛在車廂蓋上晃動。

眼見，為憑。

母親非常殘忍。

眼見，為憑。

孩子多麼可憐。

然而，事實究竟是什麼？

在孩子聲嘶力竭之前，我們向母親探求了多少真相？母親是歷經了什麼樣的事情，堆疊出這樣風暴的情緒，我們可曾探索？

第二個故事是，一個母親，用盡心思教養孩子，努力要求孩子的言行舉止，稍坐

不正，吃飯稍有躁動，學習稍有鬆懈，便時刻要求並責罵，嚴格管束，希望教出品格高尚、懂禮貌、守規矩，人人欣賞稱讚的孩子來。

但是孩子不受教，不管媽媽怎麼教，總會故意反抗，故意挑戰她的極限，故意製造出更多的叛逆行徑。母親雖然疲累至極，但她沒有忘記身為母親的責任，更沒有放棄對孩子的教養。媽媽到處上課，尋找更多、更好、更嚴格的教養孩子的方式。

眼見，為憑。

孩子性格頑劣。

眼見，為憑。

孩子不懂母親的用心。

然而，事實是如此？

孩子被眾多教條包圍，尋常日子裡充斥著責罵聲，我們可曾試圖理解這個孩子的內在，不管他多麼努力，在母親眼裡總是有刺，他得花多少力氣去挽回，抑或下多大決心放棄人生？

第三個故事是，兩兄弟起爭執，母親親眼看見哥哥狠狠推了弟弟一把，弟弟向後翻仰，腦袋重重的磕在瓷磚上，發出巨大聲響。

眼見，為憑。

哥哥行為動粗。

眼見，為憑。

弟弟受傷甚巨。

母親因為這份眼見為憑，走上前，狠狠祭出兩巴掌，打得哥哥腦袋嗚嗡，暈頭轉向，還來不及辯駁，媽媽立刻警告哥哥，做錯事還不趕快跟弟弟說對不起。哥哥的眼神裡立刻湧出憤怒與恨意，母親上前，又是一巴掌，因為這個孩子，頑劣不聽。

然而，真的如此嗎？

在哥哥手肘上，清楚刻印著弟弟的齒痕，齒痕的深處，還滲著血。如果母親能試著多問一句，試著停下來傾聽孩子，也許就能明白哥哥的委屈，不亞於弟弟。

深入挖掘問題的起因

眼見，只不過是讓我們看見冰山頂端的行為（訊息）罷了。這些訊息，並不能代表故事的全部，冰山底層還埋藏了多少我們不知道的皺褶暗處，等著我們一點一滴去挖掘探索。

眼見不能為憑，眼見只能是引信，引發大人去好奇追問的一個起點。在學習對話之前，父母要先學會的，是擺脫過去的舊思維與框架，捨棄長久習慣的眼見為憑，或者，在原有的眼見為憑上，多一點好奇，對看到的事物有好奇，多探詢發生的起因，多傾聽孩子內在真正的聲音。真相，一直藏於冰山的底部，等著我們拾起適當的挖掘工具：停頓、探索、聆聽，緩慢的接近孩子，帶領我們往冰山底層走去。

對話的工具眾多，經常擾亂我們的思緒，眼花撩亂之餘，也不知道該如何使用，不明白如何展開，而對話的目標又該走向什麼方向？

為了讓「對話」時能更流暢、更具體、更廣為熟記，我將多年的對話經驗，濃縮為「聽核心」精神，只要以此精神為對話的目標，按照「聽」、「核」、「心」三個對話工具，所有父母都能立刻展開正向循環的「親子對話」。

「聽核心」精神，及三個對話工具的情境用法，如下：

「聽」：傾聽

包含表情、聲音、姿態等任何能散發訊息的行為，都必須要呈現「誠懇傾聽的樣子」，不帶任何敷衍的舉動。若在此工具，以「核對」的方式表現，便是以耳朵為要

角，所做出的核對姿態。

孩子遇到困境，會向大人發出求救訊息（如：哭泣、崩潰、悲傷）。你會發現，擁有平穩內在的大人，在傾聽孩子時，身體會趨向孩子，眼神專注，無論是表情、呼息，甚至全身上下的細微舉動，都會散發寧靜而專注的「傾聽」訊號，讓孩子有被注意、被尊重、被傾聽，甚至被接納的感覺。因此，我們幾乎可以說，當成人能藉由「傾聽」的姿態，來傳遞「接納」的訊息，那麼這份傾聽，便是真正的「傾聽」。

「核」：核對

為了確保對象（孩子）陳述的事件（故事），是我們耳朵聽到，並且是我們理解的那樣，而做出進一步詢問，便是核對的意旨。

要在對話過程中展開核對，可以利用兩個小工具：「複誦」與「換句話說」。

這兩種工具的用法及使用情境如下：

1. 複誦

複誦的意思，一如文字所呈現，意旨：重「複」述「誦」，也就是聽到什麼，便

重複聽到的話，再說一次。

複誦，看似低幼的舉動，但事實上，是以「說」這個動作，來呈現更高層次的「傾聽」。因此在「核對」的脈絡裡，複誦是「將耳朵聽到的，以嘴巴重複說出同樣的語言，藉此來核對問題」。

所以，複誦＝複製、重複聽到的語句。

例如，孩子陳述：「媽，姊姊打我。」

我們便可複誦：「姊姊打你？」

孩子陳述：「對，她剛剛為了搶零食打我。」

複誦：「她剛剛為了搶零食打你？」

以此類推。

複誦看似簡單，但語態上也須呈現內外一致的狀態。若大人內在稍有煩躁，語氣就會顯得急促不耐，傾聽的姿態也就失去真誠，孩子將感覺到自己是「不被重視」的，往後也許不會再求助於父母，影響甚巨，不能不警惕。

複誦這項工具，是極簡單上手的工具，運用得宜，便能穿梭於各層次的對話，也能自動化解許多手足衝突引起的情緒困境，是非常好用的核對入門工具。

2. 換句話說

如果「傾聽」是以身體的姿態，去詮釋「我在聽」，那麼「複誦」便是以「說」的舉動，來呈現「我很認真的聆聽」。至於「換句話說」，那是更高階層的「聽」，不只是重複語句，而是「孩子的話語，透過大人的理解，以大人的觀點重新詮釋孩子想表達的意思，並且換個方式重新說出口」，藉此呈現更高層次的「核對」深意。可說是「以大人的理解，來重新詮釋孩子所表達的事物」。

例如，當孩子說：「媽，我不想上學！」我們可以將孩子的句子視為母句，換個方式來探詢孩子所表達的句子底下，還有哪些訊息，因此我們可以這樣回應孩子：「在學校發生什麼事讓你不想上學？」

透過這句話，我們就更能協助孩子聚焦問題，讓對話拉近彼此的距離。

核對，透過兩個簡單的小工具「複誦」、「換句話說」，讓引導者能快速貼近對象（孩子），並且掌握對話的核心精神。

「心」：用心欣賞

欣賞，是在一段對話結束時，最好的結束語。如果可以做到誠摯的欣賞，孩子將

因父母（大人）的欣賞，增加自我價值與自信。因此在正向對話的系統裡，「用心欣賞」幾乎可說是能量最強大，也最重要的結束動作。

欣賞，能讓孩子在能力上「增能」，比如當我們欣賞孩子「努力」，孩子便會認定「努力」是重要的，於是往後的行為，都會朝向「努力」這個標的付出。因此我們幾乎可以說，「欣賞」的唯一準則，是有助於孩子發展「成長型思維」的核心價值。

欣賞之重要，可見一斑。

舉個例子來說，一個孩子考試考了九十八分，若是用過往傳統型思維，欣賞的方式是：「你考的分數真棒，我太為你感到驕傲了。」

因為我們欣賞的是「分數」，於是孩子關注的也會是「分數」。

如果我們欣賞的方式是：「你的成績真棒，你肯定非常努力，能不能告訴我，你是怎麼努力的？」

因為我們欣賞的是「努力」，於是孩子關注的焦點也會是「努力」。

這兩種欣賞看似都是稱讚，但事實上，影響的是孩子努力的方向。

根據研究，給予「分數」的欣賞，孩子將因為這一次美好的結果而對於未來的挑戰感到擔憂，害怕往後無法像這一次考到如此完美的成績。因此當遇到挑戰時，「分數」型的孩子容易膽怯，害怕面對危險，總是選擇容易（簡單）達成的任務去完成。

反之，給予孩子「努力」的欣賞，研究結果指出，這樣的孩子長大後，對未來充滿想像力，並樂於面對挑戰，因為他們深信自己只要「努力」，就沒什麼好懼怕的。

這便是「成長型思維」與「傳統型思維」的差異。

因此，我們可以說，成長型思維的欣賞，是發自內心「用心」去欣賞孩子，欣賞的是孩子「努力而來」的能量。而傳統型思維的讚美，多流於「事物的表面」，著重在「表象」的成績，而不關注「孩子本身」的能量。

以上三個對話工具，我稱之為「聽核心」精神，底下各章節，會以各個層次的生活案例，呈現「傾聽」、「核對」、「欣賞」等三個層次在對話裡個別及交錯使用時，是如何穿梭及運用。

圖1　完整對話精神：聽核心

聽：傾聽	包含表情、聲音、姿態等任何能散發訊息的動作，都需呈現「誠懇傾聽的樣子」，不可敷衍。

核：核對	為了確保對象（孩子）陳述的事件（故事），是你耳朵聽到，並是你理解的那樣，而做出的進一步詢問。可利用兩個小工具：a. 複誦、b. 換句話說。	
	a. 複誦	重「複」述「誦」，也就是聽到什麼，就重複說一次。例如： 孩子：「媽，姊姊打我。」 母：「姊姊打你？」
	b. 換句話說	以大人的理解，重新詮釋孩子的意思，是比「複誦」更高層次的「核對」。例如： 孩子：「媽，我不想吃飯！」 母：「你的意思是現在肚子不餓，所以不想吃？」

心：欣賞	欣賞，是一段對話最好的結束語。誠摯欣賞孩子，孩子將因父母的肯定，培養自我價值與自信。

1 三道安全卡榫 傾聽、複誦、核對

寧靜而專注的傾聽、複誦孩子的疑問、深層核對孩子的意思，

三道安全卡榫，救孩子遠離危險的家庭溝通系統。

幾年前，一位名校新生跳樓自殺。

雖然這不是高中學生自殺首例，然而資優孩子面對高壓環境，選擇結束生命，父母在孩子走上絕路之前，是否曾經接獲孩子的求救訊號？

事實上，這個孩子在出發走上歸途之前，確實發出求救聲，只是父母錯過了，不知道那竟是孩子的求救訊號。

孩子曾經不只一次告訴父母不想進第一志願，因為怕好學校的壓力太大，想降讀第二志願。

傾聽，讓孩子向我們走來

父母對孩子有期許，好不容易考上了第一志願，怎麼可以放棄？因此他們大大鼓勵孩子勇於嘗試挑戰，沒有迎向挑戰就退縮的人生，不是他們期望孩子該有的特質。

就這樣，孩子走進了充滿黑洞的恐懼與想像中。

父母其實沒有錯。面對挑戰，要求孩子要勇敢面對，怎麼會錯呢？

孩子也沒有錯。面對恐懼，知道自己能力，因此提出想法，希望父母能理解自己內心的焦慮，何錯之有？

那麼，造成這場悲傷的結果，究竟是誰？

那肯定是家庭溝通的系統不完善，造就了悲劇。

救孩子遠離危險的首要安全卡榫，就是「傾聽」。

當孩子在陳述「恐懼」時，若父母做好傾聽的準備，全神關注孩子，傾全身之姿傾聽，孩子便能鼓足勇氣將內在的恐懼全盤托出，傾訴於父母。若父母傾聽的姿態是敷衍的，沒將孩子的恐懼當一回事，那只怕要錯過孩子的求救訊號了。

與人相處，傾聽絕對是第一步。如果孩子向母親陳述自己在學校遇到的困境，母

親卻正在做家事或煮飯，僅以背部或斜眼面對孩子，那麼孩子接收到的訊息就是：母親很忙、很煩躁，沒空理我，最好不要跟母親說話。

如果傾聽的姿態是寧靜而且專注的，以完整傾聽的方式，與孩子面對面，孩子接收到的訊息則是：我是重要的，母親很想知道我發生的一切。

一旦傾聽的橋搭建好了，孩子自然也會順著橋，從對岸向我們走來。

複誦，讓問題自己找到出口

「聽核心」對話精神的運用，在日常生活中隨時隨地都可展開，尤其「核對」含納「傾聽」、「核對」、「複誦」、「深層核對」等層次，這便是教孩子遠離危險的三道卡榫。

初期使用「核對」，需要父母多一點的覺察，以免被過去的慣性給牽引而不自覺。

有一回我開車載著二女兒川川。當時她坐在後座，我們漫無目的的閒聊，有時聊聊天氣，有時聊聊天空的澄澈，有時則聊聊盤旋的老鷹。有那麼一瞬間，我看見路邊有隻黃色小蝶，在我等紅綠燈時，從車前翩翩飛過。

川川突然問我：「媽，蝴蝶是怎麼做的？」

什麼意思？我納悶極了。

我腦子裡飄過的畫面是：毛毛蟲蛻變成蝴蝶。所以蝴蝶是毛毛蟲做的？這是什麼怪問題？但川川應該不是這個意思，應該是……腦子裡出現的另一畫面是：用紙摺出蝴蝶的樣子！

一想到紙做的蝴蝶這答案，我內在突然湧出不耐煩，川川這傢伙幹嘛在這時候出難題，是想叫我做一隻蝴蝶給她嗎？她不知道我在開車嗎？

如果按照過去慣性，我肯定回答孩子：「到底在講什麼？蝴蝶就是蝴蝶，能用什麼做？你怎麼連問個問題都不會問！」

但如果我會使用「核對」裡三個層次的工具，我無須過度詮釋孩子話中的意思，只需將孩子的提問，重新複述一次，許多問題便會自己找到出口。

當下，我便依著女兒的問題畫個葫蘆，把問題丟回去給川川，我問：「蝴蝶是怎麼做的，你的意思是？」

川川很可愛的伸長雙臂，回應我：「就是我忘記要怎麼用手做出蝴蝶的樣子啊！」

聽見川川的回答，我不禁笑了。我差點誤解了孩子的意思而胡亂發脾氣了呢。

我僅以對話中「聽核心」的第一與第二層次的「傾聽」與「複誦」（核對工具之

一），順利讓問題自己找到出口，化解了。

如果面對女兒的提問，我被過去慣性牽引，僅以我聽到的「觀點」產生出「不好的感受」，直接以「情緒」回應孩子的問題，斥責孩子連一個簡單的問題都不會問，沒有去「核對」她的真正意思，我和孩子就會在「認知」上辯論，以情緒來溝通，這樣的對話過程，就已失去了「傾聽」，自然也不會有第二層的「複誦」，更不會有更深層的「核對」（此處核對指的是「冰山」各層次的核對）出現，這一切都起因於大人內在的不平穩。

對話中的核對能否展開，父母內在是否平穩，是親子對話是否成功的關鍵，影響甚巨，不得不時刻覺察與警惕。

名校學生自殺事件，倘若父母親停下來，聆聽孩子內在的恐懼，去核對孩子對於學習的想法，結局是否會不一樣？

核對，深刻理解孩子的心裡

那個孩子已經離世，結局已定無法改變。但是底下一個牙醫系學生拒學的故事，可能可以讓我們窺探一二。

一位年逾六十的母親，非常有感觸的對我說：「親子溝通時父母有沒有傾聽，真的差很多，我就是活生生血淋淋的例子！」

母親說，她的大兒子十八歲那年考上了牙醫系，她和先生高興極了，因為他們夫妻對醫生這個職業有非常高的憧憬，想著家裡將要誕生一位醫生了，多麼光榮呀，過去的辛苦都值得了。

結果，兒子讀了一個學期，寒假回家居然跟父母說：「牙醫好像不是我想要的，我想休學。」

父母一聽，內在立刻焦慮了，以自己的「認知」去詮釋孩子不上學是極為嚴重的事情。他們對這個職業有太多美好的想像，牙醫可說是父母的夢想，孩子拒讀，他們實在無法接受。

為了讓孩子完成父母的願望，父母不停的說服孩子，要求他務必要堅持下去。為了表示自己理解孩子的困境，父母闡述許多自己過去讀書遇過的挫折，藉此想靠近孩子。但對話的目標始終在「說服孩子」回學校，洗腦孩子只有完成學校課業，才能真正明白牙醫是否真如他所感覺的無趣。像他這樣半途而廢，怎麼會明白個中滋味。

兒子聽從父母的建議，回學校繼續潛讀。半年之後，兒子覺得自己已經努力試過

了，確定自己真的不喜歡牙醫，於是回家稟告父母，再次表達他是真的想休學。父母親仍舊無法接受，繼續說服、安撫兒子，請他再努力一陣子，也許下學期就會發現新奇有趣的事。

此後，兒子每半年就來向父母表達自己想休學的決心，父母也每半年勸說兒子再堅持一會兒。母親說，當時她的心情是，她好怕寒暑假的到來，因為每次一放假，兒子就回家表達要休學的決定。但是這麼好的科系怎麼能放棄？所以每學期母親只希望學校趕快開學，讓她趕快把兒子趕回去，母親甚至用各式各樣的藉口把兒子糊弄過去，只要兒子願意回學校就好。

就這樣，四年過去了。正當母親覺得一切就要熬過去時，學校寄來一張退學通知書，她才驚覺兒子瞞著父母蹺課，不去考試，盡一切力氣，只要能讓自己退學的事他都全力去做。最終，父母得到一張什麼都無法挽回的退學通知。

她和丈夫氣壞了，質問兒子，做這些事前，為什麼不跟他們商量？

兒子說：「我和你們商量過了，但沒人想聽啊，只會叫我回去讀書。但我不想一輩子被困在黑黑臭臭的黑洞（蛀牙）裡。你們都沒人想理解我，我只好用這種方法告訴你們我的決定。」

圖 2　核對三步驟

擷取「完整對話精神」裡的「聽」和「核」，
組成「核對」工具，運用於日常對話，就可處理大部分的生活對話問題。

傾聽
以耳朵表現核對
寧靜而專注的傾聽

複誦
以口表現傾聽
複誦孩子的疑問

核對
以換句話說核對冰山各層
深入核對孩子的意思

救孩子遠離危險的三道安全卡榫

救孩子遠離危險

父母總是拒絕接受孩子發出的訊息，總希望孩子只要聽話照做就好，以致於孩子用行動做出激烈反應時，父母才震驚的責問孩子：「當初你怎麼不說呢？」

事實上，孩子事前已盡力對父母發出不只一次的求救訊號，但我們總是拒絕聆聽，拒絕核對孩子真正的內心世界，以致於錯過理解孩子的最佳時機。

如果能藉由名校孩子跳樓的事件，讓我們重新審視與孩子之間的關係，正視孩子可能已經走在危險邊緣的處境，這也許是名校孩子最渴望帶來的禮物。

我們經常聆聽孩子的聲音嗎？或者，我們同名校孩子的父母一樣，大部分時間忙於自己執著，對於孩子發出的求救訊號，已習慣忽略了？

從現在起開始聆聽孩子，一切為時不晚，在孩子與世界割捨，孤寂走上絕路之前，我們始終有機會扭轉孩子的決定。

2 核對優先　拋棄遇事就解決的慣性

問題，有時候是人製造或想像出來的。

別急著球來就打，先釐清故事，核對冰山各層訊息，問題才會明朗。

成為大人後，隨著生命愈豐富，就愈知道面臨困境時，該如何用最快的方式去解決，甚至抄捷徑去處理問題，這是時間愈來愈少的大人最聰明的選擇。

但是成為父母之後，過去學習到的「解決」觀念，剛好與最佳教養孩子的方式處處牴觸，愈想用方法去解決問題，愈是困難重重。「人」是擁有複雜情感的動物，愈想解決「人」，就愈不可能解決，因為人的情感是變動的，需要的是呵護、溫暖與信賴，禁不起指責、貶低與背棄。

因此面對孩子的問題，父母得明白最好的解決方式，就是把過去「遇到問題就想

解決」的慣性放下，也放下自己的觀點，然後試著給孩子一些時間，傾聽孩子的想法，這才是面對親子衝突的唯一解決之道。

直拳教養下的孩子

大人過去養成的慣性，遇到問題就想要解決的直覺反射，充斥在親子相處的日常生活之中。

一日，我在一家小火鍋店用餐，鄰桌坐著母女三人。

鄰座兩個女兒年齡不過七八歲，吃飯時頗為規矩與安靜，始終端坐用餐。但媽媽不知何故非常焦躁，我在低頭用餐之餘，耳邊不時傳來媽媽怒氣聲。

媽媽說：「×××，我問最後一次，你到底要不要吃？」

我循聲抬起頭來看了媽媽一眼，媽媽筷子上夾著一片魚板，我扭頭看著年紀稍大的那個女兒反應。

大女兒不知道被什麼事情吸引，心思不在媽媽的問話上。

媽媽又說：「我再問最後一次，再不回答我，我就打下去了！×××這個你到底要不要吃？」

大女兒回神，似乎聽到媽媽最後通牒，趕緊對媽媽搖頭，表示不要吃。

媽媽沒好氣的轉身，對小女兒說：「那你咧？你要吃這個嗎？」

小女兒也對媽媽搖頭表示不吃。

魚板最後進了媽媽肚子裡，但媽媽臉色看起來非常憤怒，彷彿吃進去的不是食物，而是炸彈。

我見兩個女兒各自安靜的吃著碗裡的食物，想來她們已經習慣母親的脾氣了。

我繼續低頭吃自己的餐點。

沒多久，媽媽又怒吼了：「×××你到底有沒有在聽！」

我順聲再度抬頭，看到媽媽已經起身，奮力朝大女兒的大腿打了下去。

我回頭看看大女兒，一臉無奈的坐在椅子上，不為所動的低著頭吃飯。

媽媽說：「我已經跟你說過了，那是最後一次，你再不聽試試看，我就繼續打！」

不只大女兒，就連小女兒也好像沒發生任何事似的，對媽媽的憤怒充耳不聞，只是平靜的低頭繼續吃飯。

我這個旁觀者根本搞不清楚兩個女兒究竟是做什麼惡事，惹得母親這樣不快，非要動手打孩子？

在我看來，女孩乖得很，一直都安分文靜的坐在椅子上吃飯哪。

整個吃飯過程，我都非常緊繃焦慮，因為耳邊不時傳來媽媽憤怒的聲音，而女兒們卻是一直安靜無聲，認分吃著自己碗裡的食物。

我相信這位母親，肯定有某個很重要的原因，才會對女兒這麼憤怒，只是我不知道那原因為何。但我一個不相關的旁觀者，頻頻聽見這位母親的怒氣，是如此焦慮緊繃，而那兩個處在母親情緒風暴下的孩子，卻異常的冷靜，究竟是經過怎樣的磨練與淬礪，才能打磨出這樣的孩子？她們的內心真如表面那樣淡然？內在有委屈嗎？有憤怒嗎？有悲傷嗎？

搜尋孩子目光裡的訊息

面對大人一而再，再而三的提醒，孩子又在想些什麼？為何總不把父母的話當一回事呢？大人弄不懂孩子，也沒時間弄懂，於是強壯的大人憑藉自己是比較有力量的那方，便以直拳蠻力迎面痛擊問題：對孩子說道理、責罵、打罰……等手段，一個又一個登上溝通的競技台，幻想藉此快速解決問題，卻忘記孩子成長過程需要大量的時間來學習。

隨著年齡增長，孩子在父母直拳教養的浸潤下長大，有一天他力量漸漸大過父母，將會以什麼樣的姿態來回應父母的直拳？可以想像，親子衝突是無法避免的。

想要避開親子衝突，父母勢必得先拋棄過去球來就打的慣性，試著蹲下來，用孩子相同的高度，看看孩子目光裡隱藏的故事，別想去打擊孩子發出來的問題球。

問題，有時候是人製造出來的，但更多時候是人想像（認知）出來的。

手足爭執，大的動手打小的，對父母而言，這就是問題。

但這不是孩子的認知，這是父母的認知。對孩子而言，這是理所當然的進攻和防衛，是生存的本能。

父母想透過強制手段，讓孩子捨棄生存的本能，當然困難重重，因為這已不是親子關係，而是統治者與生存者間的搏鬥。

處理親子間的問題，最好的方法就是別急著去解決，因為在問題之前，還有許多謎團等著大人去釐清。

核對，可以幫助父母釐清故事，故事清楚了，核對的層次才能往下伸展，引導孩子進入覺察，確認自己爭的究竟是什麼，究竟是有意義的爭執，還是只是為吵而吵的意氣之爭。

當親子開始核對，以愛做為基石，彼此就能走上向對方延伸的橋梁，朝對方靠近，問題將不再是問題，爭執便消散於風中。

核對帶來覺知的力量

記得兩年前的一個夜晚，排行老三的弟弟一一突然玩起大姊三三的畫板，惹得三三不快，憤怒的把畫板扔到很遠的地方去，好讓一一拿不到，一一因此崩潰大哭。

我知道三三很愛惜東西，要她把畫板借給弟弟玩是不太可能的，但我仍舊好奇的問三三能否出借畫板。果然，三三一下子就拒絕了。

我接納姊姊的拒絕，也尊重她對物品的宰制權。

我看著一一哭泣的臉，用核對的方式問：「你很想玩畫板是嗎？」（**核對期待**）

一一點頭，哭得更悲傷了。

我思量弟弟的處境，於是說：「媽媽從來都沒幫你買過畫板，那下次媽媽也幫你買一個吧？」

這時老二川川也上前湊熱鬧說：「媽，幫我也買一個新畫板，我從來沒有買過像姊姊這樣大的畫板。」

我說：「這樣家裡畫板就太多了，你之前也買過畫板，確實不如姊姊的大，但買的時候，你是同意的呢。這樣吧，我買一個，弟弟如果願意，你和弟弟一起分享著玩，行嗎？」（**核對觀點**）

川川愉悅的點頭，答應和一一共享一個畫板，一一也點頭同意這個提議。

這時候，姊姊三三卻悲從中來的哭了。

我沒有視三三的情緒為問題，而是把它當作一個故事來看待。所以我好奇的問她怎麼了？

三三哭著說：「我也要新畫板。」

我猜測她可能因為感覺弟弟妹妹都有新畫板（即便是共用一個，但只有她不能用），她可能感覺自己一個人被摒棄在外，因此感到孤單吧。

我沒有回答「可以」，或者「不可以」，因為這兩個答案，都是為了解決問題而來的「封閉」答案。因此，為了爬梳更多三三眼淚裡的故事，我開始核對更多關於她哭泣的成因。

我道：「我之所以會答應弟弟妹妹買新畫板，是因為他們沒畫板，為了不讓他們來玩你的畫板，讓你生氣不快樂，我才決定幫他們買一個新畫板。現在你說你也要買

新畫板，你不是已經有一個畫板？我不明白你也要買新畫板的原因是什麼？你能告訴我嗎？」（核對行為）

三三悲傷哽咽的說：「因為弟弟妹妹從來都沒有先問過我的意思，就自己拿我的畫板去玩。」

我核對：「這和買新畫板的關係是什麼？」（核對問題）

三三：「因為他們都亂玩我的畫板，結果害我的畫板都不是新的了，所以我也要買新的。」

我點頭，恍然：「原來是這個原因，我有些懂了。你的畫板本來是新的，但是弟弟妹妹玩過以後，害你沒有新畫板了，而弟弟妹妹卻能有一個新畫板，你覺得不公平，是吧？」（核對感受）

因完全被理解，三三的淚水得到更多允許，奔流得更多了。

我再次核對三三的內在感受：「任何東西，新的總是比較令人開心。我能明白你想買新畫板的心情，換做是媽媽，媽媽也會想買新的，誰會想要舊的呢？面對弟弟妹妹可以買新的，只有自己不能買，你肯定會覺得很孤單吧。」

三三邊流淚邊拚命點著頭，她的眼淚未乾，便焦急的問我：「媽媽，所以我可以

買新的嗎?」

我歪著頭,決定先不給三三答案,而是再次進入更深層的核對:「不是可以不可以的問題,我想先確認一下,你買了新畫板以後,舊畫板該怎麼辦?」(核對觀點)

三三用眼神和下巴示意,舊畫板可以給弟弟。

我笑了:「這倒是好辦法。不過我很好奇,你允許自己可以買新的,但弟弟卻得用舊的,你是怎麼想的?」(核對觀點)

三三說:「因為弟弟還小,他不知道新舊的差別,所以沒關係啦。」

我說:「哦!原來是這樣。那等他長大,知道新舊差別以後,他就可以要求新的,是這樣嗎?」(核對觀點)

三三說:「到時候再說啦。」(打岔)

我沒有讓三三逃避,緊接著繼續核對:「那如果到時候弟弟真的要求買新的,而你們的畫板也已經變舊,你也能接受弟弟的是新的,而你們的是舊的,對嗎?」(核對觀點)

三三瞬間被我的提問給震懾住,低頭不語。

我繼續往深層探索:「到時候,弟弟買新畫板,你和妹妹都能堅持住自己的畫板,不會吵著要買新的,對嗎?」(核對行為)

三三陷入長長的沉思之中。

停頓了一些時光後，我一字一句緩慢的小心提問：「到時候，你現在擁有的舊畫板，要怎麼處理？丟掉嗎？」（核對渴望）

繞了一大圈，我的問題又回到了最初。

三三彷彿從大夢中突然驚醒，她猛烈搖頭：「不行，不能丟掉，它還好好的，還能畫，它沒做錯事，幹嘛把它丟掉。」

我複誦三三的感受並送出對她的欣賞：「三三很愛這個舊畫板呀！你是重感情的人，媽媽很欣賞你這樣珍惜東西，不管是新是舊。」（核對與欣賞）

我看著三三，小心翼翼的提問：「既然你這樣愛這個畫板，為什麼又非得要買新的呢？媽媽不是很明白，你能告訴我嗎？」

核對的問題與最初的問題一樣，但去時和來時的提問意義已大大不同。

三三恍若明白其中的道理，經過自己層層的思考之後，雀躍的問我：「媽，畫板可以洗嗎？」

我不理解意思：「洗畫板？」

三三：「對呀，洗畫板，你看，剛剛弟弟亂玩，這裡都有弟弟吃過東西黏黏的臭味，我想把它洗一洗。」

由於三三這個思緒來得太快，以致於我不明白這個思緒代表的意思是什麼。

為了明白三三話中意思，因此我再次核對詢問：「洗完畫板以後呢？你打算怎麼對待這個舊畫板？」

三三的表情愉悅而開朗：「媽，我不買新畫板了。我只要這個舊畫板就好，新畫板讓弟弟妹妹去買吧。」

這是三三透過我層層的核對，掙脫自己原有的觀點（想買新畫板）後想到的辦法，並且願意帶著愉悅的心情去實踐這個方法。這就是在核對的脈絡下探索故事，三三爬梳情緒後，讓我們走向彼此，有了愛的後盾，三三自己就能以新的觀點去看待事物，而不執著於原來的堅持。

核對的路徑沒有一定標準答案，只要讓彼此都能重新釐清「故事」，那就是好的核對。透過核對，三三也能站在更高的位置看待剛剛的執著，發現自己想買新畫板的想法是自己的期望，但不是絕對必要。

了解到這一層，三三修正自己的想法，重新定義舊畫板的意義與價值。這樣的改

變，比強悍的去壓迫她不能買新畫板，會來得更讓她心服口服，因為這是她透過大人的「核對」，自己對故事有了新的觀點，於是自己決定不再當個受害者，也有了新的處理方式。

這便是「核對」帶來的「覺知」的力量。

3 核對再核對 化解手足戰爭

面對手足爭執，反覆利用簡單的核對三步驟，

理解孩子委屈，創造巨大的「陪伴」力量。

令眾父母感到頭痛的家庭問題，除了親子衝突外，就屬手足戰爭了。

手足戰爭屢見不鮮，從手足產生那一刻起，就沒有停止的跡象，父母渴望在生活中找到片刻寧靜，已經變成遙不可及的夢想。

面對手足衝突，父母該如何處理，才能讓孩子心服口服？什麼樣的判決才是最好最公正的方法？

事實上，當父母愈想公正，就愈不公正，因為沒有一個判決，可以同時讓所有孩子滿意。因此父母愈想解決問題，就會發現愈解決，孩子愈依賴，也愈叛逆，於是發

展出的行為，不是時時刻刻要求父母解決，就是分秒挑戰父母的極限，問題層出不窮，父母永遠無法休息，疲累充斥著日常的每一天。

究竟要怎麼處理手足戰爭？

「聆聽」是關鍵。

大部分手足發生爭執時，孩子要的不是父母的介入，而是父母的聆聽。唯有聆聽，父母才能理解孩子內在的委屈和難過的感受，父母只要靠近這份感受，孩子就有了支持，手足衝突就顯得微不足道了。

因此在面對手足衝突時，介入的大原則是，「只要與生命沒有牴觸，都是小事」，父母便不需要介入孩子的戰爭。若真的介入了，也不做裁決的法官，試著「讓問題跑一會兒」，讓自己停頓下來，藉此整頓紛亂的內在，以較好的狀態去面對紛爭。

哪家孩子不吵架？如果手足間的爭吵是無法避免的，父母何不調整看孩子爭執的目光，避免讓情緒被孩子的戰爭牽動，畢竟孩子間的吵架，也是活力的象徵。

一旦調整看待孩子衝突的「觀點」，內在就會多一份穩定，即便孩子來到父母面前尋求幫助，父母也能多一份優雅。

至於父母該如何介入手足衝突？只要反覆使用「核對三步驟」（參考103頁）。

核對三步驟：反覆傾聽、複誦、核對

一日，家裡兩姊妹不知道何故吵起來了。

姊妹爭執聲愈來愈大，最後妹妹幾乎崩潰尖叫著跑來找我。

我問妹妹川川：「怎麼了？」（核對）

川川：「姊姊打我，還把我的拖鞋踢走。」

我認真聆聽川川的哭訴，姊姊三三卻因我的認真而焦急了，她趕來想跟我解釋事情的前因後果。我對姊姊搖搖頭，請她等一等，讓我先好好聆聽完妹妹的悲傷，等等再回頭聽她說。

於是川川有了一段完全不被打擾的時間，好好將事情的緣由巨細靡遺說了一遍。

我聆聽得很認真，在川川述說的對白裡，以核對三步驟反覆傾聽、複誦、核對。

我：「你被姊姊推，鞋子也被踢遠了？」（複誦）

川川猛點頭。

我：「遇到這種事，你很難過吧？」（核對感受）

川川委屈難過的點頭，彷彿心事終於有人明白。

我：「你被姊姊推的地方，痛吧？」（核對傷口）

川川繼續點著頭。

我：「讓我看看你痛的地方在哪兒，有受傷沒有？」（核對傷口）

川川：「姊姊推的地方不痛，也沒受傷，是姊姊打我的地方比較痛，因為姊姊是用腳踢我，很痛。」（傾聽）

我：「姊姊用腳踢你？」（複誦）「讓我看看你被踢的地方。」（核對傷口）

川川捲起褲子，小腿肚果然呈現紅腫的樣貌。

我：「唉呀，腿都紅了，看起來很痛呀，難為你了。你一定沒想過會被姊姊又推又踢的吧，你應該不是故意要惹姊姊生氣，但姊姊就是對你生氣，還踢你，你一定感覺很委屈吧？」（複誦＋核對感受）

我幫川川點出了她心中的想法與委屈，她因此淚流不止的猛點著頭。

藉由我的核對，川川內在的委屈與憤怒，被輕輕碰觸而化解了。不多久，她就稍稍綻放了笑容。一旁的三三卻憂慮的看著我。

我說：「你看起來心情很不好，怎麼了？」（核對感受）

三三：「媽，我覺得我踢妹妹時並沒有很大力，我不知道她的腿為什麼會這麼

紅，我不是故意要踢她，是她自己站在那裡……」（傾聽）

我笑著看她：「你很緊張？很怕媽媽罵你？」（核對觀點）

三三點點頭。

我想三三會有這樣的反應，是因為川川在訴說的過程裡，我認真聆聽的舉動，讓三三感覺媽媽一旦相信妹妹的話，肯定會對她的看法產生偏頗，因而認定做錯事的是她，進而責罰她，是以她很緊張。

但是對我而言，妹妹有妹妹的觀點，姊姊也有姊姊的觀點，兩個人看待事物的觀點都是有道理的，沒有誰對誰錯的分別，我只是在孩子有情緒時，給予認真的傾聽，並且核對她們爭執的故事裡我聽不懂的地方。

我安慰道：「我沒有要罵你，你相信嗎？」（核對觀點）

三三遲疑了會兒，看著我的眼睛，彷彿想從我眼睛裡確認我說的話是否可信，許久之後，她才緩緩點頭，表達她願意相信我。

我：「謝謝你相信我。現在有比較不緊張了嗎？」

三三：「不緊張了。媽，我確實有推妹妹，也有踢妹妹，可是，這是有原因的。而且，我也被妹妹推了，你看，我這裡也紅紅的。」（傾聽）

因為沒有責罵，三三便有了勇氣陳述從她的觀點所看到的故事。

我：「是嗎？過來我看看，有受傷嗎？」（核對傷口）

我以行為（關心傷口）取代提問式的核對，藉由審視傷口的行動，對三三的傷口表達我的關心。

三三見我如此慎重其事，立刻修正自己的語言，道：「我被推的地方沒有受傷，只是我心裡受傷了。我跟妹妹一樣，心裡很委屈，所以我也想抱抱。」

我和三三幾句簡單對話（核對）之後，姊姊將身體的疼痛，轉為更準確的心理的孤單與受傷，如此一來，我也能更準確的關照她受傷的心靈，而不是在皮相的疼痛。

我伸出手臂，好好的擁抱三三一會兒，讓自己的內在沉潛於愛中，沒有其他懸念，專注於擁抱中。

許久之後，我才緩緩的問：「心情好一點了嗎？」

三三點頭笑了，我也笑了。

三三安頓好內在的孤單後，思緒轉動，她開始陳述起屬於姊姊版本的故事：

「媽，妹妹好討厭喔，都擋在我前面，我都沒辦法過，所以我才推她的。」（傾聽、

（破口出現）

我：「哦，所以你是要過去，才推妹妹讓你過，是嗎？」（核對行為）

三三：「對呀！她擋在那裡，我都過不去。」（傾聽）

我：「擋在那裡，你想過卻過不了，確實很困擾。」（複誦）

三三：「對啊，所以我才推她。我真的不想推她，但我又不得不推她。」（從三三的詮釋中可以看出，推妹妹是「不得已而為之」的行為）

我：「這樣呀。那麼你推妹妹之前，有記得先用嘴巴跟她說一聲你要過去嗎？」

（核對行為）

三三：「……沒有。」

三三愣住了，因為我的提問，讓她有機會走入自我的覺察。

當家中孩子越界，父母有責告知孩子家庭的規範。

我明確告知三三家中的規範：「動手推人不是好行為，也是我不允許的。但我相信你只是一時忘了家裡的規定，不是故意想推妹妹。」（規範）

三三低下頭，嘴巴蠕動，陷落在自己的思緒中。

家庭有家庭的規範，仰賴父母界定，這是運轉一個家庭所必須具備的手段，因此當家中孩子越界，父母有責告知孩子家庭的規範。

我給了界線，也邀請三三為下一次做努力：「我們得練習用嘴巴說出請求，你下次願意試試看嗎？」（**核對期待**）

三三：「是可以啦，可是如果妹妹不聽怎麼辦？」

我聳肩：「我也不知道你如果用說的，妹妹會不會聽。但我認為用推的，容易讓人不舒服，你也不想妹妹不舒服吧？因為她被你推了不舒服，可能就會學你的動作，也推你一下，讓你也不舒服，這應該不是你想要的吧？」（**核對觀點**）

三三：「嗯，不是我想要的。」

我：「既然不是，我們還是得用好的方式對待妹妹，是吧？」（**核對行為**）

三三：「是。」

三三動手推人的行為，我們透過來回的核對，達成協議，過程中沒有責罵，因此我始終貼近孩子，兩人都沒離開彼此。

我想起妹妹的拖鞋還在遠方：「那個拖鞋，我知道那個拖鞋擋住你的路，所以你才把它踢得很遠。不過踢拖鞋，和拖鞋擋住你的路，是兩件事，你可以請妹妹把拖鞋放好，不需要踢走她的拖鞋，因為那會使妹妹不開心，讓妹妹不開心的動作，你剛剛說過那不是你想要的。」

三三思索了一會兒，回道：「嗯。因為妹妹會不開心，以後也會學我的動作，踢我的東西，我不希望她這樣。媽媽，我知道了，拖鞋我會幫妹妹撿回來，下一次我也會記得用說的，請妹妹把拖鞋拿走。」（**自我覺察**）

愛一直跟在三三左右，因此對話過程，三三既抒發了自己的委屈，又得到媽媽的理解與支持，才能快速進入覺察的層次。原本姊妹爭吵的問題，姊姊也能自己想到處理的辦法，不再是艱困的問題。

面對手足爭執，反覆利用簡單的核對三步驟：傾聽、複誦、核對冰山各層，就能創造出巨大的「陪伴」力量。

孩子要的，不是父母為他們主持正義，他們渴望的是父母的信賴與真誠的陪伴，因為唯有真誠的陪伴，才能讓孩子得到愛。

4 核對的脈絡　以貼近孩子為導向

聚焦在「事件」上的對話，較容易讓親子關係升級為「戰爭」，若是以「關心孩子」為對話目標，就能建立起溝通的橋梁。

在核對的脈絡裡，能夠使用的句子沒有上萬也有成千，因此對話只要是以「貼近」孩子為導向，而不是以「事件」為導向，大抵都會是好的對話路徑。

什麼是以貼近孩子為導向的對話？什麼又是以事件為導向的對話？

舉個簡單的例子，當一個孩子跑步跌倒了，若以貼近孩子為導向的話語，父母會說出口的是：「還好嗎？有沒有受傷？」（關注孩子）

若是以事件為導向的對話，父母說出口的關心便會成為：「你看你，早就叫你要慢慢走，你不聽，現在跌倒了吧，活該！」（關注事件）

兩種對話，差別在於關注的事物不同，說出來的話語方向與感受也就大不相同。

生活中，處處可見以「事件」為導向的親子對話，但話語是活的，只要將「關心事件的話語」停頓三秒，轉個彎「換句話說」，以「關心孩子」為對話目標，親子間的情感也就能一點一滴建立起溝通的橋梁。

以「事件」為導向的親子對話

每日早晨，從喚孩子起床、吃早點，然後送孩子準時上學這段時間，是我最忙碌的時刻。

一日，我叫喚孩子起床，但幾分鐘過去還不見老大三三走出房門。為了讓所有事物都能流暢起來，我請先生再喚一次。

先生去叫喚前，我不知道三三其實已經起床。當然，先生也不知道，因此他扯著嗓門吼叫了一次，三三登時覺得自己被誤解了，情緒瞬間湧上來，立刻以情緒回擊：

「我已經起床了啊，你還叫！」

通常孩子這樣回應，父母會立刻罵回去，而且會針對孩子的「態度」，在「事

件」上回擊：「你這什麼態度！叫你起床有錯嗎？你既然起床了為什麼沒出來？我們當然覺得你還在睡，誰叫你不出來吃早餐！」

這便是聚焦在「事件」上的對話，戰爭可想而知是免不了。

雖然先生遭到孩子責罵，氣得也想立刻罵回去，不過還好最後忍住了，沒有以情緒回擊，也沒有以「事件」責罵，就沒有釀成家庭傷害。

戰火雖然止住了，但父女兩人的怒火仍高張，彼此都在情緒上，誰都沒辦法開口跟彼此說話。

以「關懷孩子」為對話目標

我見狀，立刻介入戰火，希望能貼近三三，藉此宣洩她憤怒的感受。

我開口詢問三三：「怎麼了，怎麼這麼生氣？」（核對感受）

三三氣急敗壞的向我解釋，她覺得自己被爸爸誤解了，她明明已經很努力的起床了，爸爸不但不知道，還大聲叫她起床，根本就是來罵她的，害她嚇了一跳。而原本放在床上的東西又莫名掉在地上，種種情緒加起來，讓她非常生氣。（傾聽）

聽完三三的解釋，我做進一步核對：「所以你的意思是，你之所以生氣，是因為

爸爸叫你起床太大聲，讓你感覺自己挨罵了，而且你明明已經起床，爸爸還誤會你沒起床，所以你才這麼生氣，是嗎？」（複誦＋核對感受）

三三：「對！爸爸誤會我了，又叫得很大聲，所以我非常生氣。」（傾聽）

第一次的核對，我依例使用了傾聽與複誦的工具，很快的貼近孩子，讓孩子先被傾聽了，內在委屈的感受也就能輕輕得到安撫。

核對之後，孩子的感受雖然被貼近了，但三三並未因此進入自我覺察的層次。因此第二層次的核對，仍舊以好奇的姿態，讓孩子啟動覺察。事件中，我也會有自己的觀點，也會對故事產生困惑。為了釐清，我將我的問題拋向孩子。

我道：「我知道你很生氣，但是我有個困惑，爸爸之所以會去叫你，是因為媽媽叫了你之後，沒看到你走出房門。媽媽很怕你還在睡，所以才趕緊讓爸爸去叫你。如果你已經起床，為什麼不出來刷牙洗臉呢？」（核對事件）

三三臉色尷尬，努力辯解：「我沒有走出來，不代表我沒起床，爸爸大聲叫我是事實，他可以看一下我是不是已經起床，再決定要不要叫我呀！我很討厭爸爸用這樣的方式叫我，而且我的東西又掉了，我就更生氣了。」（傾聽）

三三情緒湧動，我接納孩子的情緒，但我依然困惑，我問：「你的意思是，爸爸

把你的東西弄掉了？」（核對事件）

三三愣了一下，發現自己表達有誤，於是修正自己的話語：「東西是自己莫其妙掉的，跟爸爸沒關係。但是東西掉了我已經很不開心，再加上爸爸又這樣叫我，所以我就更生氣了。」（傾聽）

啟動孩子的覺察力

透過核對，啟動了三三細微的覺察。她明確辨別出自己有兩個情緒在內在匯流，為了讓她的覺察能更深化，我加重語言的力道：「三三呀！你這麼努力起床，媽媽很高興也很感動，謝謝你呀（此處用到「聽核心」的欣賞，增加孩子自我價值）。但是媽媽覺得很對不起爸爸，因為是媽媽請爸爸去叫你們，結果卻害爸爸被罵，連不是爸爸弄掉的東西，也要責怪爸爸，我感覺這對爸爸很不公平呢。」（敘述故事）

三三聽完，小小沉默了。

許久後三三點著頭道：「東西掉了，確實不能怪爸爸，那不是爸爸的錯，等一下我會跟爸爸道歉。但爸爸的叫聲確實嚇到我，他也誤會我了。」（傾聽）

我欣慰的面露笑容：「謝謝你願意修正自己誤會爸爸的部分，我想爸爸也會樂於

修正對你的誤會。三三，你知道嗎，媽媽沒看到你們起床的身影，就會很著急，因為媽媽早上還得去工作，必須準時出門。媽媽很希望能跟你和妹妹一起出門，讓我送你們去上學。雖然萬一來不及，媽媽得先出門工作，爸爸也會帶你們去上學，但前幾次的經驗告訴我，你比較喜歡跟我一起出門，是吧？」（**核對期待**）

三三朝我點著頭。

我誠懇而緩慢的說：「媽媽也好希望你能和我一起出門，讓媽媽送你去上學，因為媽媽不要你孤單！」（**敘述渴望**）

孤單，是我在孩提時經常出現的感受。

我的父母早年離異，母親離家，父親隻身養育四個孩子，生活裡絲毫不輕鬆。永遠的忙碌，只為賺錢拉拔孩子長大，沒有半點時間為孩子停留，更別說去理解孩子了。因此在童年時光中，充斥著孤單與寂寞的感受，沒有人在乎我的想法，甚至沒有人在乎我的存在，彷彿我的存在可有可無，一點都不重要。

因擁有這樣的成長經驗，所以我想像，任何孩子被拋下，再怎麼有心理準備，肯定都會不好受吧。因此我也是如此想像著三三，在上學的早晨，動作不如母親快速，而被母親拋下的心情，肯定也是孤單的吧。

耐心核對帶來的層層影響力

三三面對我碰觸「孤單」的對話，眼眶紅了，姿態也顯得柔軟許多。

她點著頭：「媽媽，今天雖然爸爸的聲音嚇到我了，但我也有錯，我雖然起床了，但其實還在賴床，以後我起床會走出來讓你們知道，因為我想跟你一起出門。」

（自我覺察）

我撫摸三三的背，謝謝她的決定，感謝她覺察後的美好。

三三緩了緩情緒後，也旋即跑到爸爸跟前，跟爸爸撒嬌的說了「對不起」，同時也跟爸爸說：「我被你的叫聲嚇到，感覺自己被誤會了，所以才對你生氣，我不是故意的，請原諒我。」

我在一旁聽了，也順勢回應先生的情緒：「我也要跟你道歉，是我請你去叫三三，卻讓你因此被責罵，害你受委屈了，對不起。」

先生因三三的道歉，以及我語言上的貼近，瞬間的情緒就化為無形，立刻說：「沒關係啦，我應該的。下次我會走進去看一下三三是不是有起床，如果已經起床，我就不會再用這麼大的聲音叫了。」

我和三三的貼近，使爸爸變得柔軟，層層影響、環環相扣，家庭氣氛又恢復融洽。

按照過往，我還未熟悉以「核對」來貼近孩子時，三三的情緒只要一上來，就很難消解，她會在情緒裡沉溺很久，而我愈想讓她擺脫情緒，我所用的對話，就愈「說教」，她的情緒就愈不可能緩解。最後母女倆得到的就是撕裂的戰爭，誰也不讓誰。

現下，我關心的不再是「事件」，如：既然起床了幹嘛不趕快出房門，沒出房門面對爸爸叫喚，有什麼資格生氣？這是什麼態度？我關心的是「孩子」的感受，如：不想你孤單，想跟你一起出門。

在核對的脈絡裡，貼近孩子的內在，既告知孩子家庭的規範（起床上學的速度跟不上媽媽，媽媽會先離開，由爸爸接手送孩子上學），也啟動孩子的自我覺察（東西掉了的壞情緒，與被爸爸誤會的壞情緒，不能混為一談），更連結了她的渴望（不想被媽媽拋棄，希望媽媽的愛），這便是好的對話路徑。

先生也在核對的系統下受惠，在他情緒升起的當下，孩子主動道歉，我也送出了貼近先生感受的語言，愛便在家庭裡流動，凝聚了彼此。

5 無礙的溝通 挪動孩子的感受位置

溝通出現障礙時，試著挪動孩子的位置，甚至挪動自己的位置，讓彼此都能同理對方，取得一個有接納有體諒的平衡，才是有效溝通。

大人總說，孩子不懂事，很多道理大人該說的都說了，但孩子就是聽不進去，而且愈說，孩子的情緒反彈就愈大。

該怎麼和孩子溝通，孩子才能聽明白大人的意思？

在與孩子溝通之前，先讓我們暫停在「溝通」這個詞句一會兒。

何謂「溝通」？我們是否對「溝通」有完整的了解？溝通真正的意思是什麼？

且讓我們想像一條渠道（管道、水溝），裡面沒有任何障礙物阻礙，當水灌入渠道時，是可以「自由」流動，「來」和「去」，都能恣意流淌，這就叫「溝」「通」。

這是什麼意思？

如果大人所謂的「溝通」，只是想叫孩子「聽話」，這不是溝通，因為此時的水無法自由來去，只能流向單一方向，這叫「強迫」。

真正的溝通是，大人說的話，孩子聽進去了（水流過去）；孩子說的話，大人也聽明白了（水流過來），這才叫「溝通」。

既然明白溝通真正的意思了，那麼和孩子溝通時，我們應當能體會，孩子的話（水）要流向大人的耳朵裡就相對重要了，這才是溝通的關鍵。

明白這層意思，便能更明白「傾聽」是為何意了。有了傾聽，才能往下做出核對。在核對中，還有一個容易上手的工具，名叫「挪動觀點」，但此工具容易被濫用，因此下方我先展現得宜的用法，文末再點出會被濫用的語句。

佇立天涯兩端的觀點

一日睡前，有氣喘病史的老大三三生病了，雖然已經吃藥了，但仍舊咳得嚴重，也喘得厲害。

睡不安穩的三三向我發出求助訊號。

三三：「媽媽，你能抱著我睡嗎？」

我：「當然可以。」

我伸開雙臂，想要給三三安穩的擁抱，但三三搖頭了。

三三：「我要你坐著抱我，我要坐著睡，因為躺著我會一直咳嗽。」

我點點頭，立刻坐直身子，將三三抱在我盤坐著的腿上，讓她靠在我的胸膛前，坐著睡覺。

沒多久，妹妹川川抗議了。

川川：「媽媽，為什麼你可以抱著姊姊，我也要抱抱。」

此時妹妹也發出渴望愛的訊息，但我當時沒有覺察，因此僅以自己以為的真理（理智）來回應。

我解釋：「姊姊生病了，她很不舒服，所以我抱著她，讓她睡一會兒。」

川川眼眶泛紅：「媽媽你不愛我了，我也想要抱抱！」

川川將被媽媽抱著，視為「被愛」，我沒有深刻的覺察，仍舊僅以現實層面的理智，想勸服川川接受我的安排。

我：「我很愛你，但是媽媽現在不能抱你，因為姊姊咳嗽很嚴重，所以媽媽得抱著她睡……」

川川：「媽媽，我身體也不舒服，咳咳（假咳），我也要抱抱。」

我在對話中始終沒有連結川川愛的渴望，爭執眼看就要無法避免，溝通無效。

讓我們先在這裡暫停一小會兒。

檢視一下，這段對話裡，大人的觀點與期待是什麼？孩子的觀點與期待又是什麼？

大人觀點

1. 大人只有一個人，所以擁抱也只有一個，因此這個擁抱，父母自然會希望可以幫助比較需要的（生病）孩子。

2. 對於沒生病的孩子，大人也抱持著期待，期望沒生病的孩子要乖，要懂事，要體諒大人，要理解大人的行為背後，都有其原因。

孩子觀點

1. 姊姊被媽媽抱著睡，自己卻必須一個人躺著，我也期待媽媽能抱一抱我，這

樣的抱，會讓我感覺我是重要的、我是被愛的。

2. 媽媽抱著姊姊，拒絕抱我，媽媽偏心，媽媽只愛姊姊，不愛我。

3. 渴望被愛。

我和川川，各佇在溝渠的天涯兩端。我的理性（道理）流不過去，她的期望（渴望愛）流不過來，這是一個最佳的「錯誤溝通」示範。

該如何把溝渠裡頭的障礙物疏通，把我的感受說出來讓川川聽得懂？而川川渴望被愛的期盼也能被滿足？

只要覺察夠敏銳，透過層層的核對，試著挪動一下孩子的位置，我與川川的期望，便會暢流無阻的朝對方奔流而去。

挪動彼此的位置

以下示範如何在對話中挪動川川的位置（立場），讓川川改變觀點。

我：「川川有看到姊姊在生病嗎？」（**核對事件**）

川川：「有。」

我：「川川看姊姊生病，你覺得她是很舒服還是很不舒服？」（核對觀點）

川川：「我覺得姊姊很不舒服。」

我：「川川想幫生病的姊姊嗎？想讓姊姊舒服一點嗎？」（核對期待）

川川：「好啊！要怎麼幫姊姊？」

我：「姊姊希望媽媽抱著她睡，你覺得要怎樣幫姊姊比較好？」（核對觀點）

我試著將自己的問題，拋給川川，讓川川自己去思考，試著將她挪動到我的位置來看待事情。

川川非常認真的思考了一會兒，跟我說：「媽媽抱姊姊沒問題，我可以幫忙。媽，你抱完姊姊，也可以抱抱我嗎？我也想要你抱抱！」

我挪動了川川的位置，讓她從原本只是索討愛的立場，挪動到一起照顧姊姊的崗位上，因為觀看的角度不同，川川看事物的角度也跟著改變，而川川的改變，讓她的姿態也跟著變柔軟，因此在面對她的期望，我也顯得柔軟，很自然的允諾，等姊姊睡著，我會抱她一會兒。

彼此的話語都通行無阻的傳遞給對方了，彼此都調整處理的方法，適時的化解了原本「溝通障礙」引起的「對峙」的窘況，這便是真正的「溝通」。

有時候，大人的溝通，只是強迫孩子乖乖聽話，孩子自然會反彈。如何在溝通有障礙時，試著挪動孩子的位置，甚至，挪動自己的位置，讓彼此都能同理對方感受，取得一個有來有往，有聽有說，有接納有體諒的過程，才是最重要的。

然而「挪動位置」在對話時，需注意語態、姿態的誠懇，也要避免直接將問題丟給孩子，如：「你說呢？」「你覺得呢？」這樣的對話過於簡單，也過於刻意，孩子會因父母太過頻繁的回問，而顯得不耐，因此「挪動位置」在使用上，仍然需要建立在良善的親子關係上，愛是永恆的基礎。

6 欣賞 從負向行為到正向價值

核對，幫助我們釐清問題，

而欣賞，能帶給我們力量，幫助我們成為有價值的人。

欣賞，在「聽核心」脈絡中，是緊接在核對之後，標能否射向靶心的重要助攻利器，也是對話結束前，最重要的臨門一腳。

欣賞是帶給人價值與自信的重要來源，因此在對話裡帶入欣賞，能使孩子以更堅實的姿態，茁壯成長。

核對與欣賞，如何交錯使用？

我以家庭對話實例做為說明。

難解的表兄妹矛盾

今年，孩子們的表哥到我們家過暑假。表哥來了之後，兩姊妹熱烈歡迎，和表哥開心玩樂，每天都熬夜聊天，樂不可支。

但美好的關係維持不到三天！老大三三不知何故開始遠離表哥，原本車子裡的座位，排序是表哥坐中間，兩姊妹坐兩旁。但第三天起關係微妙變化，三三要求妹妹川川坐中間，從此和表哥分道揚鑣。

表哥和三三的衝突，是暗地裡進行，表面看起來和諧無事，但我的神經敏感，明白有什麼不對勁，卻苦無協助的縫隙（**破口**），只能繼續以耐心，陪伴孩子日常，也更細心帶領表哥。

雖然我曾多次向三三表明心意，希望她改善氛圍，與表哥友善相處，度過剩餘的時光，但三三卻仍然獨斷獨行，兩人的關係毫無進展，沒有善果。

看著表兄妹的關係日漸惡化，我感覺棘手極了，這遠比手足衝突更複雜。因為，一面是自己的孩子，一面是自己的姪子，即使我已是個饒富經驗、善於處理孩子衝突的媽媽，但表兄妹的關係、姑姑與媽媽角色的變化，在拿捏之間，瞬覺困難重重，彷

彿落入後母的為難。

表兄妹的疏離關係一直如芒刺，梗在幾個孩子之間，逐漸漫淹擴散，連帶川川都受到姊姊影響，開始疏離表哥。

三三、川川、表哥彼此都不說，但真相如鏡，映照彼此內心。如此的日子過了兩週，眼看隔日表哥就要回到父母身邊，關係卻一直僵滯。

大人主動創造破口

表哥的爸爸（我的二哥）與我通話時，關心孩子們的關係，詢問是否破冰？

身為姑姑的我，只能傻笑，闡述孩子各自有原則與堅持，隨他們去吧！

但，事實是，身為母親、身為姑姑，看孩子如此，我也不忍心讓他們帶著這樣的關係離開彼此。

因此，趁著表哥離去前一天，我把握午後開車載著幾個孩子的零碎時光。既然在這段關係裡，我沒有找到破口，我決定由我開口，做為對話的破口。

我大膽的對話，仍舊以核對為脈絡，拆解表兄妹之間埋藏的地雷。

我第一句話便開宗明義，向三三表明我的困惑。

我：「三三，我想知道，從哪一天，哪一刻，表哥做了什麼？你決定不再和表哥同玩？甚至連對話都不願意？」（核對事件）

三三扭捏，小聲告訴我，等旁邊沒人了再跟我說。（打岔）

我核對了三三的感受，明白她有著尷尬。雖然理解三三的尷尬，但我沒有給她逃避焦點的餘地。我說：「我想不只我，連表哥此刻一定也很想知道原因。媽媽要邀請你大膽說出你對表哥感到不舒服的地方，這樣表哥才有機會知道問題在哪裡。」

三三一開始很猶豫，但是我耐心的等著，兩分鐘之後，三三才緩慢的訴說著她遭遇的關卡。

三三說，她不喜歡表哥搞笑。

三三說，她不喜歡表哥以她的名字來嬉鬧。

三三又說，她不喜歡睡覺時表哥拿腳貼在她的臉上。

我邀請三三大膽的、直接的，向表哥說明她這些不舒服。

三三轉頭，向表哥闡述了她的不喜歡。

說完後，我核對表哥，此刻他的感覺是什麼？（核對感受）

表哥點頭說，他現在終於能明白三三的想法了，他可以接受，內心也沒有什麼不好的感覺。

我讚賞了表哥的氣度與開闊（欣賞），也邀請表哥說說他對兩個妹妹，在這兩週的相處裡，有沒有什麼不喜歡的地方？

表哥於是向三三川川訴說，他不喜歡被妹妹們管他坐地板的事。他覺得坐在地板上玩耍或穿鞋子，是很自然的事，他不需要妹妹們提醒他，因為提醒他的方式，會讓他覺得自己被管束，很沒面子。（敘述故事）

以欣賞的話語做結

表兄妹針對此事，來回核對又說明一陣，雙方終於釐清彼此的想法了。

對話最後，我以欣賞做結，邀請三三對表哥講述兩個欣賞。

三三大方說：「第一個是，我覺得表哥背詩的能力超厲害。他第一天來家裡，就開始背那首〈定風波〉（表哥的暑假作業），我都不會背，就算讓我背十天，我也背不起來。現在表哥又背了〈念奴嬌〉，我覺得他真的很會背詩，太厲害了。

「第二個是，上次我們去溜冰場溜冰，要離開時，我的腳受傷了，所以我就去醫

務室包紮傷口。媽媽都沒等我，但是表哥一直在旁邊陪我，還跟我說：沒關係，慢慢來，我等你。這件事讓我很感動。」

聽著三三的欣賞，我回頭看表哥一眼，看見表哥眼裡有瀲豔的笑和感動的眼淚。

我也邀請表哥向兩個妹妹表達欣賞。

表哥說：「第一個是，川川都會陪我玩，還分享很多玩具給我，我很感動。第二個是，我知道三三其實對我很好，第一天來的時候，她就給我兩包羊奶片，一包叫我給妹妹，一包是送我的，我覺得她對我很好。」

表哥說的這段欣賞，讓我睜大眼睛，因為這是我不知道的事，也是孩子間的祕密。如今從表哥嘴裡說出，讓我為三三的細緻與溫柔所感動。

聽著表哥的欣賞，我瞬時明白，表哥亦是個心地柔軟之人，用心看待每個對他的善舉，認真看見每個人舉措中的細節。

和孩子們核對完關係中的芒刺後，表兄妹的關係立刻和諧了，彼此融洽，有說有笑相玩一起。

晚上，三三偷偷跑來我身邊，在我旁邊耳語。

三三：「媽媽，我覺得欣賞好神奇，我欣賞完表哥後，我們就能很開心的在一起玩了耶！」

是的，每個人身上都有他自己的資源。日常生活中，我們習慣看到他人的缺點，卻忽略看見他人的資源。核對，幫助我們釐清問題；而欣賞，能幫助我們擦亮彼此的關係。這是處理關係衝突時，兩項重要的寶物！

7 一致性表達 保持內在平穩，與愛同行

把內在感受，以平穩、如實誠懇的姿態說出來，

內與外都一致了，表達出來的語言，自然就一致了。

家族治療大師薩提爾女士將人的應對溝通模式，歸納出五種方式，而最利於「溝通」的姿態，便是一致性的應對姿態。

將一致性溝通姿態，放在這一單元的最後一篇，並不是因為這個溝通姿態是在對話裡最後才用上的工具；相反的，一致性溝通姿態，是在溝通前就須具備的基礎，也就是保持內在的平穩與安定，才能展現最好的一致性狀態。

何謂一致性表達？表面寓意不難理解，但想要做到一致性的表達，需要具備內外雙修的能力，對內既理解自己，對外也願意傾聽他人，這也是對話開始的前置工作。

然而，要如何才能做到一致性的表達？

一致性的表達，用一句話來表示，就是：把內在感受，以平穩、誠懇的姿態如實說出來，內與外都一致了，表達出來的語言，自然就一致了。

但，最困難的並不是表達，最困難的是，大部分的人，壓根不知道自己想要什麼，總是被情緒給宰制，說出來的話也成了傷害。一致性很困難，也因此一致性的表達，會放在本單元的最後來談，也是這個原因。

心口不一

何謂被情緒宰制？何謂一致性表達？用個簡單的例子便可立即明瞭。

比如，丈夫在外應酬遲遲不歸，太太在家苦苦守候，好不容易丈夫終於回來了，太太脫口而出的話，卻是：「你還知道要回來啊！」

這樣的一句話，是太太最想要表達的嗎？

這是一句可能包含了焦急、不安、憤怒等情緒的話語，和心裡最底層的訊息：「我想要丈夫趕快回來」相差甚遠。可以想見，原始訊息被情緒影響過後，就會背離最初的意思，進而以一種傷害性的情緒語言來表達。

若將同樣一句話，以「一致性」的姿態表達，便會是：「你今天比較晚回來，有發生什麼事嗎？我很擔心你，看到你回來我就放心了。」或者「你比我們約定的時間還晚回來，我其實有些生氣，你能告訴我晚回來的原因嗎？因為我很擔心你。」

一致性的表達，最困難的不在於開口表達，而在於大多數人壓根搞不清楚內心底層真正的「我訊息」究竟是什麼。

能否澄澈理解自己的「我訊息」，成了人與人、親與子、夫與妻、上司與下屬的功課，誰能充分理解「我訊息」，誰就能在關係中取得較好的溝通姿態。

你不愛我

在生活中，一致性的表達是如何進行與運用？

二女兒川川五歲時，我歷經過這麼一段故事。

當時，我帶著川川和大女兒三三準備開車出門。

在車庫帶她們上車前，我慣例會先打開車門，讓坐在深處的川川先上車，再讓三三上車。就在川川上車後，一旁的三三還來不及上車，就不小心被東西絆倒，雙膝當下撲通跪地，聲音清脆，看來摔得不輕。

三三吃痛，眼淚和哭聲立刻飆出來。

我趕緊上前給予關懷與安慰，並以行為做出「核對」，仔細檢查膝蓋上的傷口。

這時，本來已經上車的川川突然下車，不快的大喊：「車子好熱。」

我本能的應了聲：「好，等等就開冷氣。」

川川見我仍舊低著頭，幫姊姊檢查傷勢，直覺我不重視她，她的情緒立刻湧上來了，語氣憤怒的對我嚷嚷：「我已經說好熱了，你都沒理我，你一直理姊姊，你比較愛姊姊，你不愛我，都不愛我！」

面對這個指控，我自然覺得委屈，怎麼就幫姊姊看一下傷口，對她就是不公平，不愛她了呢？我的感受一下子也湧上來了，但是我沒有讓委屈的感受操控我，我只是明白我有著委屈，並且接納了我是可以委屈的，於是委屈就沉潛了。

我手腳俐落的進車開冷氣，車內立刻涼爽起來。然而此刻再怎麼涼快，都已澆不息川川的憤怒。冷氣筆直撲面，川川卻直說太慢了，來不及了。

川川像伴唱帶跳針那樣，不停的抗議我對待不公，指責我只愛姊姊不愛她。

於我而言，川川是蠻橫無理的，在她無情的指責下，我感覺到自己的煩躁，煩躁底下，牽動小時候我對父親的抗議情緒。

懸而未決的情緒記憶

過往，我也這樣指責父親。

在我的認知裡，父親重男輕女，是個諸多偏心的爸爸。對於這樣一個爸爸，我從很小的時候就下定決心，長大以後，我一定要做個絕對公平的大人。然而物換星移，一直覺得自己非常公平的我，卻依然淪為被女兒指控是個「不公平」的大人。

孩子如此指責，我要面對的不只是孩子的憤怒，還有我過去懸而未決的情緒記憶。這就是大人想要一致性卻困難重重的原因了。因為我們不只要面對孩子的情緒，還要面對過去的傷痕。存在於心底的陰影，因為川川的指責，全都被召喚回來了。瞬間，我內在當然湧起許多對父親不諒解的記憶與情緒。

當大人的情緒出現，想要做一致性的表達，甚是艱難，因為一旦有情緒，說出口的話自然也會是情緒上的氣話。

想在情緒高張的時候平穩情緒，得先與自己同在，並且對自己送出欣賞，欣賞自己是個努力的媽媽。如果可能，以堅定的口吻，肯定自己是個有價值的母親，不因孩子的情緒而影響自己的價值。

唯有安頓好自己，我才可能看清川川情緒底下真正想表達的訊息。

平穩內在後，川川的指責，不再是傷害，情緒也不再跟著起波瀾。因為我的價值，不會因她的批評而降低。

撥開川川的情緒，我看見在川川憤怒下隱藏的真正訊息，她不過就是個「渴望母親的愛」的孩子呀。

想要得到媽媽的愛與重視，卻因沒有學過好的表達方式，只好用哭鬧與指責來說出口，這不是孩子的錯，相反的，這是本能。

讓愛與孩子同行

面對川川跳針式的不理性抗議，要如何回應她底層的渴望？

1. 跟她辯解我也有愛她？我的愛表現在買衣服、陪遊玩、買玩具的行為上？

2. 用權威壓迫她承認媽媽也是愛她的？

不，當然不，我無須為我的愛辯解和壓迫，我為我的愛負責。如果我送出去的愛，川川沒有收到，誰最該負起責任？是的，那是我的責任。

當下，我只想知道，川川是何時開始沒收到愛，是現在，還是從很早以前就開始，我卻沒察覺？

我對川川送出核對：「你從什麼時候開始覺得媽媽不愛你？」

川川：「從我出生開始，就覺得你不愛我。」

我再次核對：「媽媽做了什麼，讓你覺得你不被愛？」

川川：「每次我叫你抱我，你都說我長大了，抱不動了，但是上次姊姊生病時叫你抱抱，你就抱姊姊了，不公平！」

川川的答案讓我啞然失笑，原來她內在隱藏著這些祕密，而我卻以為事件早已被時間解決，問題自然也被風吹散了。

核對，讓我更靠近孩子，清楚理解明瞭孩子的內在與困境，我心疼孩子的處境，川川是老二，自有她的困境。

我不用跟孩子解釋我是否愛她，因為答案是肯定的。我很愛她，所以我只需要向她表達愛，讓愛與孩子同行，而不是以愛勒索孩子。

我對川川說：「川川，也許媽媽做得不夠好，讓你感覺不到媽媽是愛你的，媽媽

很抱歉。但是，請你相信媽媽，媽媽是真的非常、非常的愛你，以後媽媽也會繼續愛你。我愛你，川川。」

說完這些話，川川不再跳針吵鬧，不再情緒勒索了。她的情緒，被我的愛輕輕撫慰了，也溫暖了。她卸下防備，沉浸在愛裡。

我很愛我的孩子，因此如何澄澈自己的內在，既不被孩子以及自己的情緒綁架，又能平穩的把我的愛傳遞出去，讓孩子如實接收，這便是一致性表達最困難的地方。

然而，一旦能越過這個困難，一致性的表達，是溝通時最好的境界，親子才有可能與愛同行，彼此相互連結成為宇宙。

實作
練習
2

從負向行為到正向價值

一、根據「聽核心」精神裡「核」的層次，依照下列情境，以「複誦」或「換句話說」兩種小工具，應對出適當的「核對」語句。

● 示範

情境／**你不讓我玩，我討厭你，我不愛你！**

複誦：因為我不讓你玩，所以你不想再愛我了，是嗎？

換句話說：你的意思是，你還是愛我的，只是因為我不讓你玩，讓你感覺很生氣，是這樣嗎？

● 五種情境練習

情境1／**我不想吃飯。**

複誦：你不想吃飯？

換句話說：你的意思是，現在肚子不餓，所以不想吃？

情境2／這個遊樂園不好玩。

複誦：

換句話說：

複誦：

情境3／姊姊都跟別人玩，我不開心。

換句話說：

複誦：

情境4／我害怕考試。

換句話說：

複誦：

情境5／我不喜歡老師。

複誦：

換句話說：

二、根據「聽核心」精神裡「心」的層次，依照下列情境，在孩子的行為中，以符合「用心欣賞」的語言，為孩子找到正向價值，並應對出適當的「欣賞」語句。

● 示範

情境／孩子不喜歡跟他人分享玩具，總是將玩具藏起來。

欣賞：孩子擁有纖細的心，是一個懂得珍惜、愛惜自己物品的人。

● 五種情境練習

情境1／孩子平時沒複習功課，雖然考前熬夜讀書，但是成績不理想，只考六十分。

欣賞：

情境2／孩子不管如何被老師處罰、警告，從不曾告訴過父母自己的困境。

欣賞：

情境3╱同學在考試時央求孩子分享答案，孩子卻被老師抓到，最終以作弊遭零分處置。

欣賞：

情境4╱孩子不敵同學慫恿，半夜和同學一起去飆車，結果被警察取締無照駕駛。

欣賞：

情境5╱不管父母說什麼，孩子總是脾氣暴躁的頂嘴。

欣賞：

第三部

冰山
一個人的誕生

一

幼兒冰山的
養成

冰山，是一個巨大的象徵和隱喻。

在小說家海明威眼裡，它是創作的最高境界。

在家族治療大師薩提爾女士心中，它是人之所以成為人的重大隱喻。

一個人誕生的基礎，是父母；養成孩子的重要性格，也在父母。因此我們可以說，父母是孩子的土壤，供給孩子長大的養分，也供給孩子靈性的滋養，以及源源不絕的生命力。

不管從哪個地方切入孩子的成長，父母都是孩子最重要的關鍵人，因此做一個覺知的父母，時刻覺察自己與孩子相處的應對是否得宜，顯得相當重要。

家庭裡的危險平衡

多年前，網路上流行一支影片，名為〈媽媽之歌〉。

影片竄紅時，我還是個青春正旺的少女，既沒結婚也沒小孩，因此看到這支影片只覺得「太好笑了」。這首歌描述的媽媽太傳神，完全揶揄了媽媽「嘮叨」的個性，從上學遲到、考試不及格、刷牙上床睡覺、上網玩電腦……什麼都可以嘮叨。

影片裡闡述媽媽的形象就是「關心孩子」，但卻「永遠的嘮叨」，造成「孩子永

恆的煩躁」。

影片最後，還特別製作了另一曲〈爸爸之歌〉。相較於媽媽之歌，爸爸之歌竟然短得不像話，而且只有一句話，那就是：「去問你媽。」

這句歌詞詮釋了多少家庭的無奈與困境，一語道盡夫妻在家庭中照顧孩子的微妙平衡與危險關係，也訴說了孩子的無奈。

透過這首歌，我們清楚看出，每個家庭成員在家庭中所扮演的立場與心境，是完全不同的。

從孩子的觀點來看，這首歌唱出孩子的煩躁。對孩子而言，成天面對母親嘮嘮叨叨，簡直是精神虐待與疲勞轟炸。

從母親觀點來看，這首歌唱出媽媽的委屈與心聲，因為孩子真是太不長進了，凡事都需要媽媽叮嚀，爸爸卻永遠像個事不關己的局外人。

從爸爸（先生）的觀點來說，這首歌也唱出了他們的無奈。因為他們不是不想幫忙太太分擔照顧孩子的責任，而是他們的事業正值巔峰，需要更多心力去經營。久而久之，家裡有太太打理，先生為事業奔忙，夫妻倆協力扶持這個家，有空偶爾幫家裡做點事，不是挺好的嗎？為什麼太太總是永遠不滿足？回到家還得聽太太嘮叨小孩、嘮叨先生，這種家庭，先生還願意繼續待下去，可以偷笑了。

覺察你的情緒

隨著歲月流逝，我成了三個孩子的母親。身分角色轉換了，不同的位置不同的心情，當我再度聽到這首歌時，我笑不出來了。因為這首歌，幾乎是所有原生家庭組成的原型，是父與母的悲歌呀。

一個家庭，由三種身分的人組成，那就是：父、母、孩子，而最原始的組成成員，就是父與母。

父與母因為男女屬性的不同，挑起來的擔子也很不同。男性因為對事業較有渴求，因此總是樂意往事業去發展。至於女性，因為生育孩子後，便會展開一段哺育孩子的過程，很自然就將養育孩子的責任擔負起來。

就是這樣的差別，父與母便會往兩個極端的層面走去。先生總覺得太太不理解工作，久而久之工作應酬也習慣自己前去，不再邀請太太陪同；太太則覺得被先生冷落，且先生也不會照顧孩子，就算偶爾想幫忙，也會因為做著不擅長的工作，太太指責兩句，先生就不幫忙，太太就更身陷照顧家庭與孩子的泥淖中無法脫困。

面對這樣的窘境，家裡大小事都慣性一肩扛的母親，擔起了打理孩子的責任，於是不得不走上操心之路：擔心孩子沒吃飽、擔心孩子上學遲到、擔心孩子身體不健

康，為了讓孩子走向更好的未來，身為母親除了叮嚀，她們幾乎找不出第二個方法。

久而久之，叮嚀就成了嘮叨，嘮叨控制不好就變成怒罵指責，高張的情緒很自然

造成親子對立、先生反感，進而造成家庭風暴。

然而，父與母的相處模式，在在影響著孩子的成長。

要如何讓母親從嘮叨的困境中走出來？

要如何讓爸爸不再無奈的逃避家庭責任，不再做家裡的邊緣人？

要如何讓孩子得到適當的關注與信任，讓他們成為有責任的成熟之人？

「覺察」，是首要的關鍵。當我們又感覺到陷入情緒風暴，覺察自己的情緒，覺

察自己的應對。若已經失去原有的平穩，試著先停下來，遠離戰場，便是覺察後最好

的處理，因為家庭中一切好的溝通都開始於父母平穩的內在。

1 幼兒教育 陪伴孩子生出決斷力

要讓孩子從我頭上抽離出來，確實需要花時間做一些心理準備。

大人能做的，就是等待，讓孩子自己決斷離開的時機。

不管多幼小的孩子，都是完整而獨立的個體。他們具有獨立思考的能力，因此在養育過程中，我們得時刻相信孩子的能力，這是幼兒教育很重要的基礎，也是養育孩子成為一個完整的人的關鍵。

零到三歲是腦神經元發展的黃金期，與父母建立起良好的依附關係，將有助於孩子未來在學習上的穩定，以及成為擁有冒險精神的探險者。而這時期的幼兒，也是應對姿態養成的黃金期，儘管孩子一方面會展現自我意識，與大人衝撞，另一方面卻是汲汲學習父母做出的應對示範（如父母回應孩子的情緒是暴烈的，那麼孩子模仿學習

到的應對姿態便是暴躁，反之亦然）。父母此時若給予孩子完整的安全感，那麼未來

孩子成為獨立個體時，就會呈現自由且穩定的完整個體。

所有父母時刻都在為孩子著想，希冀孩子成為優秀且獨一無二的個體。然而三歲

幼兒處於青黃不接的年紀，不僅個人意識高張，無視家庭規範的管束，而且愈管教就

愈崩潰哭鬧，還動不動就以哭鬧來做為溝通手段。父母究竟要怎麼帶領這時期的孩

子，才能讓孩子既感覺被愛，又能在父母尊重下，自願遵守家庭規範，讓家庭生活順

利運行？

我們該如何做出引導與示範？

父母是幼兒教育的領羊人，帶領孩子時，自然是從父母的立場來觀看孩子的問

題。若同一個問題，能換個角度，從孩子的觀點來檢視，我們也許能明白為何孩子如

此痛苦與掙扎。

想像一下，如果我們打電玩正在興頭上（或者講電話，或者玩手遊，或者在處理

一件重要的事），旁人卻催促我們趕快離開這個讓你開心（或棘手）的事，你是否能

做到不反抗就立刻離開？離開與不離開，內在有什麼感受？覺得不耐煩、覺得不舒

服、覺得不開心、覺得生氣？

這些湧上心頭的情緒，便是孩子遭遇到的感受。要離開正在興頭上的事，大人都需要極大決斷力與勇氣，何況是年幼的孩子。

孩子沒有學習過決斷的勇氣，因此在面對大人不斷的催促與壓迫時，他能做的只有哭和生氣，這是最自然的反應。

而大人如何面對孩子這自然的反應？生氣？責罵？強行拖走？

這些應對，當然會使孩子出現更高張的情緒反應。

若不用生氣、責罵的方式來管束孩子，我們又該如何處理這類幼兒問題？

處理這類幼兒問題的方式，就是：讓孩子自己決斷離開的時機。

怎麼樣都叫不走時⋯⋯

有次我去保母家接兒子一一。他當時三歲，好奇心、愛玩正值高峰期。我去接他時，他正在玩一組新得到的軌道車玩具。

每回得到新玩具，一一總是呈現痴迷瘋狂的模樣，一玩再玩，醉心於新玩具的遊戲之中。

我看著一一，輕輕喚著：「該回家囉！」

一一大聲回應：「等一下嘛！我還沒玩完耶！」

我問一一：「那我等兩分鐘，可以嗎？」（核對）

這是最初的核對，依照我能等待的時間去詢問一一，藉此達成共識。

一一隨口說：「好。」

就答應了。

三歲的孩子對時間沒有概念，但是因為很想玩，一一聽到還能繼續玩，自然順口

兩分鐘過去了，我表達我們協議好的約定：「兩分鐘到囉，我們該回家囉。」

一一如三歲階段的孩子一樣，開始要賴鬧脾氣。

為了能延續和新玩具在一起的時間，一一拚命拖延時間，我告訴他，我願意再等

他兩分鐘。但是兩分鐘一到，一一仍舊要賴，要求還要再兩分鐘。第三次我答允一一

再給他兩分鐘，但這一次，在答允之前，我為了確認一一的約定是認真的，因此再次

送出核對。

我問：「這一次，時間到了，你真的會遵守約定，跟我回家嗎？」（核對）

一一爽快回答：「會！」

我：「可是你之前有兩次都沒做到，這一次真的能做到嗎？」

一一：「我會，媽媽你要相信我。」（傾聽）

我：「我相信你，而且媽媽是真的要回家了，你再玩兩分鐘真的要跟我回去喔，我想要你跟我一起回家。」（核對）

一一卻說：「媽媽，我不玩了，我們現在就回家。」一一搬起新玩具就要回家。

（新困境）

那是一組附有軌道的汽車玩具。

我連忙說：「軌道留在奶奶家，明天再來玩吧，車子帶回去是可以的。」

會這麼說，是因為我明白一一整個晚上會因為擁有新玩具而處在亢奮狀態。軌道畢竟比較龐大，家裡施展不開，他肯定會一直堅持展開來玩。我擔心玩具帶回家再要求孩子不能玩，對孩子而言太過煎熬，與其這樣，不如在此時就決斷。

一一如我想像，面對我的要求（玩具不能帶回家），立即崩潰大哭，又跳又叫，不停去搶玩具。

我告訴一一：「不能踢人！」（規範）

保母好言相勸，都起不了作用，一一甚至氣得想用腳踢她。

情緒無處發洩的一一，哭得更大聲。

我蹲下來，看著一一。

我說：「你很想玩軌道車，是嗎？」（核對期待）

一一因有人理解他而安靜下來，擦擦眼淚，他點頭說：「是。」

我說：「那我們在這裡玩，再玩兩圈，然後跟軌道說再見，好嗎？」（核對行為）

一一說：「好。」

我說：「那我等你，好嗎？」（核對期待）

一一點頭說好。

一一將軌道展開來，很快的在上頭滑著車子。

我觀察一一，他眼神專注的看著軌道車，但我總感覺他彷彿在思考什麼。

我同一一說：「一一，你玩兩圈，你自己算，兩圈到的時候，請告訴我喔。」

（將決斷權還給孩子，讓他自己決斷何時該離開）

一一點點頭。

耐心陪伴孩子生出決斷力

我在旁邊守候著孩子，看著孩子玩著玩具，一圈又一圈暢快的滑著。

我不著急，一旁的保母卻急了。她深怕一一又賴皮，蹲下身子，刻意用手指著軌

道的一處，說：「一一，車滑到這裡的時候，就是兩圈了喔！要說話算話喔。」

聽著保母的話，我笑了。因為這是由大人界定的兩圈，卻不是一一認定的兩圈，畢竟要離開心愛玩具的人，是孩子，因此我希望是由一一來界定兩圈的定義。孩子要從興頭上抽離出來，確實需要心理建設，也要花一些時間。

自己決定決斷的時間，對幼兒而言，是長大的里程碑，也代表孩子往承擔責任的目標又向前邁進一大步。

這個歷程，在孩子成長過程，是非常重要且珍貴的，而父母該以什麼樣的姿態來陪伴孩子生出決斷力？

是不停催促孩子該決斷了？還是直接幫孩子決定決斷的時機？這兩個中的任何一個，都只會將決斷的責任攬在自己身上，更無法讓孩子學習決斷的勇氣。

為了讓孩子學會為自己負責，我輕聲跟保母說：「沒關係，我們等一一，因為一一會知道兩圈到了沒，他會告訴我們的，對嗎，一一？」**（核對觀點）**

一一對著我堅定的點頭。

果不其然，一一滑了幾圈以後，就毅然決然的離開軌道，轉頭跟我說：「好了，我們走了。」

這便是孩子決斷的勇氣，當他做足了準備，便會果敢離開，而這也是幼兒教育的

重點：「孩子做出決斷的時間，由孩子自己界定」。

一一示範出完美的決斷能力。

送出愛與陪伴

當然，孩子能這麼順利的做出決斷，與當時的狀況（父母時間允許）與父母的應對方式有絕對的關係。若時間不允許，或父母的應對表現出稍有不耐或焦慮，孩子的回應可能會不盡理想，仍舊會繼續賴。

若大人已盡可能付出最大的耐心與時間等待孩子，孩子仍舊無法決斷，該怎麼辦呢？此刻我們有許多選擇，我提供兩種比較常用的方式：

1. **若時間允許**：再給孩子一次等待的機會，並且在執行之前，務必協商出辦法或告知孩子，「這真的是最後一次等待，如果最後無法和媽媽回去，媽媽就必須抱著你，強迫你回去。」

媽媽在實施前，也務必將愛先送達：「即使媽媽強迫你回去，你可能會不開心，但媽媽要你知道，媽媽是愛你的。」

2. **若時間不允許：**直接告知孩子，「媽媽知道你還想玩，但媽媽沒有時間再等你了。現在，不管你願意還是不願意，媽媽都得帶你回家，媽媽很愛你。」

送出愛的語言後，父母便可以溫柔而堅定的抱起孩子離去，若孩子在懷裡哭鬧，父母可以穩定的告知孩子，「我知道你還想玩，明天來的時候玩具會等你，現在我們得回家了。」

以此穩定的節奏，持續送出愛與陪伴。

2 幼兒教育　三歲孩子聽不懂人話？

大人的傾聽會讓孩子內在得到支持的力量，感覺被同理，孩子就不會再以跳針方式強調他們的感受。

前章談及讓孩子有自己的決斷權，但只要有家有三歲孩子的父母，肯定都有相同遭遇，那就是三歲孩子情緒上來時，完全無法溝通，叫他往東，他偏往西；要他不能吼叫，他偏吼叫得像厲鬼。

這時，父母該用什麼樣的方式應對孩子？

三歲時期的一一，如所有家庭的孩子一樣，固執而強硬，想要的東西要不到，立刻大聲哭鬧抗議。

面對性格頑強的孩子，先生總是束手無策，頻頻搖頭對我說：「三歲，真的聽不

懂人話耶！」

先生對兒子的行徑已不抱任何期待，每每聽到兒子哭鬧，先生不自覺的皺眉，更加確認「三歲孩子豬狗嫌」。別說完全無法溝通，根本就是聽不懂人話的外星人。

我現在就要！

夏日某次假期，我駕車帶先生和三個孩子去炙熱的野外郊遊。回程時，孩子們被熱壞了，先生充滿創意的答應孩子，晚一點可以去賣場各買一個噴水的澆花器，讓他們在洗澡時玩。

結果就這麼一個答允，坐在後座的一一開始跳針。

一一：「噴水槍呢？」

先生：「等等才能買，現在要開車去賣場。」

一一：「爸爸快買！我想要水槍！」

先生：「好，要等一下。」

一一：「我不要等一下，我要現在，拜託，快去買！」

先生：「有，現在已經要去買了。」

一一：「我現在就要，水槍給我。」

先生：「現在沒有水槍，要晚一點才有，回家路上一定會去買，現在要忍耐！」

先生不停的解釋，但一一充耳不聞，脾氣不降反升，生氣哭鬧一股腦全湧上：

「哎呀……快去買！快去買！要買！」

先生的情緒雖然被兒子挑起，但仍舊很努力的壓抑著，不想對孩子暴發情緒。

只是再怎麼壓抑，情緒仍然會從各個孔洞鑽出，如：姿態、語態、神情、話語等洩漏祕密。

果然，先生忍不住大聲說：「等等就去買，要等等！我剛剛就說了，現在沒有，你到底聽懂了嗎？」

父子倆因為一一跳針質問，先生也跟著跳針解釋，結局就是孩子崩潰生氣，先生怒火中燒。

深層敲擊冰山各處

我在前頭開車，一直認真聆聽先生與孩子的對話。眼看兩人已經呈現情緒爆走的情況，宛若兩頭野獸本能的廝殺，我立刻介入僵局。

我兼顧開車的責任，所以我與一一的對話過程極短，然而一一在這一分鐘裡從崩潰到被理解，再從被理解到遵守家庭規範，也學會等待。過程非常平順和緩，運用了「核對」來貼近孩子，並在來往核對的過程，傳遞了「家庭規範」，引發孩子重要的自我覺察。

完整對話如下，在每句對話後，詳細補上核對的層次，分別在冰山的各處敲擊。

我：「一一現在是不是很想拿到噴水槍？」（核對期待）

一一：「是。」（哭聲瞬間變小了）

我：「拿到以後，是想拿來噴水嗎？」（核對期待）

一一：「是。」（專注回應，眼淚已收乾）

我：「噴水之後，肯定很涼，一一喜歡很涼嗎？」（核對觀點）

一一：「對。」（猛點頭，完整被接納與接近，聲音裡有著上揚的愉悅，顯示我已完全貼近孩子的內在，孩子才能如此敞開）

我：「媽媽也喜歡涼爽的感覺，天氣實在太熱了，噴了水，肯定很舒服吧？」（核對感受）

一一：「對。」

我：「一一拿到以後，會先噴誰呢？」（核對行為）

一一：「不知道。」（笑）

我：「一一會拿來噴媽媽嗎？」（核對行為）

一一：「會！」（開心）

我：「媽媽願意讓你噴喔！那一一會噴自己嗎？」（核對行為）

一一：「會。」（更開心）

我：「一一也想自己涼一下，是吧？」（核對期待）

一一：「是。」

我：「唉呀，對了，媽媽都忘了提醒你，萬一你拿到噴水槍，你要記得，不能在車子裡噴喔！因為車子很小，不小心會噴到大家，媽媽在開車，萬一被噴到，嚇一跳就不好了，很危險呢。」（家庭規範）

一一：「好。」（因為被貼近，內在柔軟了，於是孩子願意接納規範）

我：「還有還有，回到家也不能噴，一定要去浴室洗澡時才能玩喔！不然家裡會弄得濕答答的，走路滑倒可就麻煩了。」（家庭規範）

一一：「好。」

我：「這樣和你聊一聊，真想趕快拿到噴水槍耶！好急喔，怎麼不快點拿到呢！

你應該跟我一樣吧，一定也想趕快拿到喔？（**挪動位置，轉換孩子的觀點**）

一一：「對，可是要忍耐啦！」（孩子的位階從低位「被管理者」轉為更高的「決策者」，啟動覺察，決斷的能力也在此成熟）

我：「喔！好，要忍耐，你忍得住嗎？」（**核對行為**）

一一：「可以啦！」（此刻孩子完成了一致性的應對，自己想到的約束，自己才有可能真正去遵守，這便是由內而外的一致）

結束對話之後，我沉靜的開著車，一一則沉浸在自己的思緒中，再也沒有鬧過一絲脾氣。

先聽懂孩子

檢視這些對話工具，和前述章節完全無異，以「核對」為主軸，大規模發展出好奇與探索，在「渴望拿到噴水槍」的事件中，層層敲擊冰山，藉由反覆核對，讓孩子感覺被關注、被傾聽、被接納、被理解、被愛，對話的目標只有一個，一切只為貼近孩子的內在。當孩子真正感受到自己是被重視的，焦躁的心自然也就安定了。

每當一一跳針，暴躁不安，我便與一一如此談話，不用一分鐘，三歲的一一便能

安靜下來，耐心等候。

誰說三歲的孩子聽不懂人話？

三歲的孩子不但聽得懂，也會說，因此，比聽懂人話更重要的是，他們需要大人的傾聽。

大人的傾聽，會讓孩子內在得到支持的力量，感覺被同理，增加安全感與信任感。有了這些穩定的感受，孩子才可能全然放下跳針的情緒，因為他知道，他的每一次表達，大人都會認真傾聽他，並且理解他！

三歲的孩子，聽不聽得懂人話，建立在大人是否願意傾聽孩子。因此，問題的根本不在於孩子，而在於，大人是否真的重視孩子的感受，是否願意先聽聽孩子說出自己的想望。

在判定孩子聽不懂人話之前，請給予孩子一段寬厚的時光，諦聽孩子的聲音。唯有父母真心傾聽，孩子才能明白自己是重要的，他也將學習父母示範出的穩定姿態，緩慢陳述自己的故事。

3 學齡教育 七歲，一個人的退學

陪孩子走一段成長的路，孩子才不會在害怕與孤單中踽踽獨行。

自己生出力氣的孩子，將會走得更長遠，成為完整而獨立的個體。

學齡孩子會遇到的困境，不外乎是人際關係或課業上的困境與挫敗。

當孩子遇到挫敗時，父母該如何陪伴？對話時應該聚焦在何處？

大女兒三三七歲念小一時，她陪我去新加坡工作，這趟行程共九天，功課也因此荒廢了。回來後，三三在課業上出現了巨大的挫敗，尤其是原本讀來就吃力的英文（安親班），更是讓她挫折到谷底。具體的問題就是她週考成績掛蛋，三三開始拒絕上安親班，而且拒學的力道之大、決心之猛烈，讓我驚訝。

為此，孩子的父親連連稱讚她的決心，並且讚譽這是「七歲，一個人的退學」。

先生帶著雄性的激昂與正向思考，讚賞三三自己安排好不去安親班之後的生活。無關

孩子能為自己負責，孩子有這樣的能力，就足夠了，有沒有學英文已無關緊要。無關

好壞，這就是先生的觀點。

而我呢？我又是怎麼看待這件事？

我從事件中看到的，除了孩子的果敢，還有屬於孩子的價值，為了追求極致的完

美，憤而從不完美中退場，這是孩子的資源。

但我有擔憂，孩子為了追求完美，繼而害怕失敗，往後該如何面對每一次的挑戰

與挫敗？孩子如何看待「失敗」呢？我如何讓孩子發展追求完整，而非完美的心態？

我將整件事情羅列於下，也將我在事件中遭到的困境，與孩子面臨挫敗且峰迴路

轉的心境，記錄下來。

被時間囚禁的父母

某天晚上，三三對我說，她在安親班的例行考試考了零分，她很沮喪。她要求我

陪她一起聽CD，練英文，把英文補起來。

這時的三三還很努力的想跟上進度，渴望趕上他人。

為此，我陪伴她在入睡前聽了一會兒ＣＤ，發現她其實都能跟上ＣＤ的口語，應對也都沒問題。

但不知道是情緒來了還是累了，她突然開始鬧彆扭，細數她在安親班的日子如何不喜歡，如何的壓抑。

三三說，她考不好，老師就會要求她努力，否則會遭扣分處罰，或者，威脅週末作業會增加，藉此讓她將單字記熟。老師這些規定讓她感到痛苦。

我因隔天排滿工作，因此簡短聊了一會兒，傾聽了她的痛苦。

這時我腦子裡想的是，孩子也許只是想找個情緒發洩的出口，這是暫時的，我只要傾聽和陪伴就好。

但隨著對話的深入，三三越發被恐懼困住。於是恐懼大規模的漫淹了她所有感官。

最後，她幾乎是沒有理智的哭著訴說，她不想再去安親班了。

當時我一面聽三三傾訴，腦子裡想的卻全是隔天還得工作，而且時間已經很晚，該上床睡覺了。

面對三三大規模的發洩情緒，我只想趕快傾聽完，趕快結束對話（假意傾聽），

因此我對三三說：「我明白你的恐懼，也知道你不想去安親班，剩下的事，我們明天再聊吧。」

事後回想，也許就是因為這樣的內在（敷衍），透露了我的煩躁，讓孩子更加沒有安全感。

我天真的以為也許隔天一覺起來，三三又恢復良好的狀態，若到時三三還有困境，再談也不遲。再者，當時真的已經很晚，我深怕影響隔天上學和工作，因此滿腦子只有：快點上床睡覺吧！

我被時間制約了，以至於我沒有超越時間的困境，瞬間就讓自己成為時間的囚徒，問題也懸而未決。

隔天醒來，三三再度表達不願意去安親班。由於我仍舊是時間的囚徒，因此我詢問三三，今天可否先去安親班，明日再來想辦法。

無奈三三強悍又軟弱的哭著說，她不願意再去，她的眼淚，讓我看見了過往那段憂鬱日子裡的回憶。於是，我決定切開時間的限制，暫時將她與壓力隔開，安置在她覺得安全的地方。

這是我當下能為她做的事。因為我不願意她又回到過去陰鬱不堪的日子裡。

過來人姿態

為了確認三三不願意去安親班的決心，也為了讓她學會表達與負責，我給了她一個考驗，「自己打電話給安親班老師告知她的決定」。這是在時間的夾縫中，我僅能做到的的陪伴。

當然，除了讓三三學會負責，其實還有另外一層私心，那就是讓老師立即明瞭三三的狀況，建立三三和老師溝通的管道。

電話接通，三三聽到電話那頭老師的聲音，眼淚瞬間直流。我從她的眼淚看見她內在的委屈與壓力，我知道她有許多感受非常想傾訴給老師。

我很感動三三的真誠與坦白，也確定自己開了一個渠道，讓老師和三三直接溝通，是正確的。

未料，隨著三三與老師持續對話，三三的眼淚慢慢收乾了，最後與老師的回應，老師不會對話，以理性硬生生的回應三三的困境，於是三三也以理性應對老師。

只剩冰冷的答案：「我不要，我就是不要去。」

猶記得當時側邊聽見老師的對話裡，只有慰留和人生道理。

以自己的觀點說服孩子）

老師：「媽媽說你不想來？」（核對事件）

三三：「對。」

老師：「老師告訴你，這沒什麼好怕的，老師可以教你。」（超理智，說道理，

三三：「不要。」

老師：「英文作業不會的部分，老師幫你一點一點補上。」（超理智，說道理）

三三：「不要。」

老師：「英文沒有你想像的可怕，只要肯學⋯⋯」（超理智，說道理）

三三：「不要。」

老師：「你先不要拒絕，再試試看。」（超理智，說道理）

三三：「不要。」

老師：「老師跟你說，老師以前也不會，也是一點一滴努力，慢慢才會的⋯⋯」

（超理智，說道理）

三三：「不要就是不要。」

老師花了五分鐘勸誡三三，不但一點效果也沒有，還得到一個口吻強悍且極度冰

冷的三三。

最後老師放棄勸說三三，透過電話，老師無奈的告訴我：「媽媽，三三可能還在情緒上，暫時沒辦法與她溝通，我看讓她先休息兩三天吧。」

我明白老師已經盡力了，也為老師努力的方向感到萬分可惜。我深信老師已經盡自己最大努力和三三溝通，但審視其應對姿態，皆是以上對下，以一種過來人的姿態對著受困人進行說服。但是孩子都還沒機會述說自己的困境，老師又怎能明白孩子身處的險地，究竟是怎樣的一個環境？沒辦法貼近孩子的老師，也只能無奈的被孩子拒絕於門外。

電話掛上後，三三悠悠的說：「媽媽，老師平常不是這麼溫柔，她剛剛所講的一切，都只是為了讓我回去，並不是真心關心我的。」

我聽了感到震驚，孩子都知道大人變的戲法，只有大人不知道自己早已被拆穿，兀自演著獨角戲。

學齡前的孩子仰賴父母的教導並依附父母。學齡後，父母地位仍然重要，但師長的引導與對師長的依附，對孩子的影響也甚巨，甚至可能撼動過去的基礎。

一個孩子情感豐沛的來到老師面前，老師卻忽視孩子的恐懼，只想以自身經驗來教授孩子道理，要孩子勇敢、要孩子面對、要孩子回到教室，忽略孩子的感受，不知

陪伴的重要，孩子當然從老師身邊溜走，躲回安全的洞穴。

可惜老師不會對話，眼睜睜錯失了與孩子靠近的機會。

以沉穩內在接納孩子

和老師談完，三三真的不去上安親班了。

當下，我欣賞三三的勇敢，爭取了她想要的自由和學習的權利，也欣賞她的果敢，對於她想要的就極力去爭取，沒有絲毫猶豫。

但，除了欣賞，身為一個母親，我仍有我的顧慮。我必須承擔許多善後事物，無法像先生那樣灑脫，諸如：課後誰能照顧三三？安親班不去沒關係，但是往後就不讀英文了嗎？

於是，只要想起三三的事，我就心慌。

那感覺像是，我失職了。

在陪伴孩子長大的過程，父母最煎熬的，除了對孩子的責任，還有對自己的要求和批判，永遠不會比旁人少。這也是為什麼陪伴孩子的首要關鍵，是父母自己內在的穩定。因為當我感到失職，我得先穩定自己內在，才有可能以沉穩的姿態來接納孩子。

為了穩定自己，我開始探索為什麼我會有「失職」的感覺？

原來，原因出在，是我主張帶孩子出國，即便我理智上覺得出國對我和孩子都是非常好的體驗，但是回國後的課業銜接失誤，卻不在我的預期之內，讓我有了責怪自己的機會。

再者，孩子害怕學英文，我沒有陪伴她的害怕，讓她面對害怕，先學會逃避，這絕對不是我想給孩子面對困境的方式。為此，我的內在充滿了不安與混亂。

我細細審視著混亂的內在：我希望孩子不要懼怕學習，希望孩子面對挫敗，勇於失敗，但又不希望孩子感覺孤單，不被理解。我該如何走在陪伴的道路上，陪伴她生出自己的決心與力量，是我一直思量的核心。

一層一層釐清之後，我明白我的目標只有貼近孩子，其餘的一切都不再重要。

當我的內在穩定了，我便很快看清楚接下來陪伴的方向，我得陪三三走一段接納失敗的路。

陪孩子生出前進的力量

當天晚上，無視時間的存在，我與三三有了一場深談。我們針對「失敗」反覆釐

清彼此的看法，也核對三三「離開」或「逃避」的決定，是唯一的辦法嗎？

我們來回核對聚焦，讓三三從原來的觀點產生覺察，並再次審視自己的決定是否是她想要的。

我：「媽媽知道，你不想去安親班了，對嗎？」（複誦）

三三：「對。」

我：「是因為考試考不好，所以不想去了？」（核對事件）

三三：「對，而且老師說考不好作業會變多，不然就扣分，我不喜歡老師這樣。」（傾聽＋敘事療癒）

我：「媽媽想知道，你怎麼看待自己考試失敗這件事。」（核對觀點）

三三：「我不喜歡，覺得很丟臉。」（陳述感受）

我：「你不允許自己失敗？」（核對觀點）

三三：「對。」

我：「媽媽想邀請你失敗。」（提議）

三三：「什麼意思？」

我：「媽媽不怕你失敗，因為媽媽願意陪著你，但是媽媽比較害怕當你面對失敗

後，你因為討厭失敗而永遠逃避了。」（陳述觀點）

三三：「可是我就是害怕。」（陳述感受）

我：「想聽故事嗎？媽媽講個故事給你聽。」

三三：「故事我想聽。」

我講了三三小時候就聽過的「孫中山起義」的故事。

隨著屢屢失敗的情節發生，三三臉上的表情也跟著變化，我會停下來問她：「已經第三次了，已經第四次了，已經第五次了，孫中山還要繼續努力嗎？你希望他再試試看嗎？」

三三的心情跟著孫中山起義的故事起伏，慷慨激昂。

我一次次詢問，孫中山該不該鼓起勇氣再試一次？

三三一次又一次大聲疾呼：「他可以的，他應該再試一次。」

我：「你會因為他失敗，而瞧不起他嗎？」（核對觀點）

三三：「當然不會。」

我：「你願意再給孫中山這麼多機會，你卻只給自己一次機會？你寬待他人，卻對自己很嚴格，能告訴我為什麼嗎？」（核對行為與觀點）

三三臉色凝重，進入自己的思緒中。

沉默了好一會兒之後，三三才緩慢開口：「可是我會害怕，我不喜歡考試，

我……」（表述感受）

我：「以後你還想要學英文嗎？」（核對期待）

三三：「我願意，當然願意。」

我：「所以你討厭的是考試，並不是討厭英文，是這意思嗎？」（核對觀點，聚

焦困境）

三三：「對，我不討厭英文，英文老師很好笑，對我也很好，我喜歡上課，我不

想考試。」（傾聽）

我：「既然這樣，如果媽媽能幫你把你困擾的考試排除，你願意回去再試試看

嗎？只進教室上課，做你喜歡的學習，不做其他，你想嗎？」（核對期待）

三三：「可是如果還是不喜歡怎麼辦？我就是很害怕。」（陳述感受）

我：「如果有害怕，媽媽會陪著你，你願意相信媽媽會陪你嗎？」（核對渴望

三三：「我相信媽媽，可是不相信我自己。」

我看著三三，停頓於此，讓問題自己跑一會兒。

三三：「我也不是不相信自己，我只是⋯⋯就是會擔憂，我很想試試看，但萬一我又害怕怎麼辦？」

我：「只要你願意就好，其他的問題是媽媽的責任，你願意再試試看嗎？」（核對渴望）

三三：「我願意，但萬一⋯⋯」（擔憂一直在干擾孩子的決定）

我：「這樣吧，我們努力到月底，月底後如果真的不喜歡，我們再討論未來該怎麼辦，好嗎？」（核對行為）

三三低著頭思量，幾分鐘後，終於抬頭，眼神閃爍著心動，不再憂慮害怕。

透過對話，讓三三重新審視問題，以不同的角度去思考困境，並且得以修正自己的決定，以期更符合她想要的方向。

這個拒學事件，從發生至今，已經過了兩年。三三目前還待在原來的英文安親班裡，她一直很努力的以自己的方式學習，而我也始終陪伴在側。三三的英文程度從三年前的最後一名，一直爬升至全班第一，過程中成績偶有起伏，有時也會抱怨，但都不再撼動她想學習的決心。

這便是帶領學齡中孩子時，最重要的目標：陪孩子走一段成長的路。

只有父母願意傾聽，陪伴孩子成長，孩子才不會在害怕與孤單中踽踽獨行。自己生出力氣的孩子，將會走得更長更遠，成為一個完整而獨立的個體，這不就是教養的最終目標！

4 共融教育 雙軌校正系統

看見身旁的親子出現狀況，別指責孩子或母親的過失，

請給予支持的力量，協助母親，成為更好的母親。

教養，在普羅大眾的眼中，往往將責任劃分給母親。

然而承擔責任的母親，卻面臨了諸多困境。孩子行為一旦出現問題，社會的、家庭的、家族的、世人的輿論壓力，全都究責於母親。誠然，孩子行為問題，根本原因確實出現在家庭，然而當養育孩子的過程，社會不曾對母親伸出援手，一旦問題發生，母親這個職位，瞬間成了眾矢之的，對母親而言何其殘忍。

不久前，有一句口號很流行：「你的孩子不是你的孩子」，藉此表達孩子在成長

過程，父母應該要學著尊重孩子是個個體，以發展獨立個體為目標，滲入教養方式。

然而事實是，教養，不應該只是父母（母親）的責任，應該是屬於社會的集體責任，因為「每一個孩子，都是我們的孩子」。

孩子的成長，仰賴家庭父母，也仰賴學校師長，更亟需社會每一個人的參與。孩子發生無法挽回的行為問題之前，如果身邊的親人、師長，甚至路上的行人，能多一句關心、參與，成為孩子當下的力量，也許孩子就可能從困境邊緣找到回家的路。

如果社會上的每個人，都是重要的教養推手，每個孩子都有雙軌以上的教養校正系統，孩子又怎麼會一直陷在困境裡。

雙軌校正系統可以發生在任何時間，任何地點，只要我們看見身旁的親子出現狀況，不是指責孩子或母親過失，而是利用「核對」的對話系統，協助母親成為更好的母親，便能給予孩子和母親支持的力量。

父母如果搞不定……

二女兒川川四歲時，我帶她參加律動課。休息時間，川川突然從遠處跑來，拚命的拉著我，嚷嚷著說：「媽媽，不好了，我發生不好的事了，你快來幫我。」

她將我拉到一間律動教室，裡面有一面落地鏡，鏡子上寫滿了字，字的旁邊還畫有許多可愛的卡通塗鴉。

我花了三分鐘，弄清楚川川的遭遇。

原來，律動教室裡一個姊姊，指責川川亂畫鏡子亂塗鴉，不但責罵了川川，還要求她將塗鴉擦掉。

我當時心想，這點小事，擦掉不就好了嗎？有什麼好大驚小怪的呢？

但當我想要尋找板擦，協助處理時，川川鑽到我的胳下，囁嚅的說：「可是那不是我畫的……」

我抬頭看了看鏡子上的塗鴉，這才終於搞懂川川的心結。姊姊以為那個塗鴉是川川畫的，還要求她擦拭乾淨。川川被誤會了。

背了黑鍋，川川內心當然委屈。

指責的姊姊就在一旁，於是我問她：「這塗鴉不是妹妹畫的，怎麼辦呢？」

大姊姊不明就裡的說：「要擦掉啊！」

我再次核對問題：「這些塗鴉都不是這個妹妹畫的，即便這樣，妹妹還是要負責把它擦乾淨嗎？」

大姊姊突然被話語打中，覺察到問題的關鍵，支支吾吾了一陣，但她應該不知道怎麼處理，於是仍然硬著頭皮說：「對，因為剛剛是這個妹妹和她的朋友在這裡玩，所以她還是要擦。」

原來剛剛川川和另外兩個大哥哥大姊姊在這間教室玩，因此被誤認是塗鴉的人。

我點頭：「擦是沒關係，我去找行政老師拿板擦好了。」

我帶川川去找行政老師，拿了板擦回到教室擦拭鏡面。

原以為這件事就該如此落幕，沒想到川川彆扭得想哭。

我低頭問川川，怎麼了？

川川說：「就不是我畫的，我被罵，又要擦鏡子，我不開心。」

唉呀，這可真傷腦筋！媽媽眼裡的小事，對孩子而言可是天大的大事。

因為我擦拭的舉動，等同於默認鏡子上的塗鴉是川川畫的。這份委屈，並不是「媽媽秀秀」、「媽媽知道你委屈」等話語就能夠撫平，因為我的行為已經做出了傷害。

為此，我決定嘗試開啟第二道教養的校正系統，啟動教室原本就有的資源。

我拉著川川：「既然這樣，我們問問櫃台老師該怎麼辦，好不好？」

川川點頭。

外在神支援

我帶川川來到行政老師跟前，將川川的遭遇告訴老師。

我：「老師，川川沒有塗鴉，但是有個大姊姊誤會她了。不但如此，川川還被要求要把鏡面上的塗鴉擦拭乾淨。我們按照大姊姊的要求，將塗鴉擦拭乾淨了，可是川川心裡還是非常委屈，因為事情不是她做的，卻要她擦，而且姊姊一直認定是她做的，怎麼辦呀老師？」（**陳述故事**）

說完，我對老師眨眨眼，打了暗號。

老師很快接收到我的訊息，立刻明瞭我的用意，她立刻對川川做出欣賞。

老師：「川川，不是你做的，你還願意去擦乾淨，你真是認真的孩子。但是那些根本不是你畫的，我們絕對不能讓大姊姊誤會，所以老師等等會去跟大姊姊解釋，鏡子不是你畫的，讓大姊姊知道她誤會你了，好嗎？」（**欣賞**）

川川含著眼淚，釋懷的點著頭。

老師：「雖然大姊姊誤會你了，但是你仍然願意把鏡子擦乾淨，很值得大家學習喔！老師很感動你的付出，老師代替所有小朋友謝謝你。」（**欣賞**）

川川的小臉蛋上有了淺淺的安慰笑容。因為老師不但理解她的委屈，又願意幫助

她澄清事實，最後還不忘送出欣賞，這便是最好的對話引導。

我拉著川川的手，小聲詢問：「老師這樣說，有幫助到你嗎？你還會難過嗎？」

（核對感受）

川川搖頭，表示她完全好了。

藉由行政老師的話語，川川在二次校正下，撫平了內心的委屈，也得到了心靈上的支持與安慰，補足了從我這裡得不到的自我價值，這便是共融教育的意義與真諦。

離開櫃台時，我回頭對行政老師比出讚賞的手勢，也點頭表達感謝，這是我和行政老師之間的密語。

正向的欣賞與教養，如果能充塞於社會的每一個角落，身兼教養重責大任的母親，隨時都能有第二道教養校正的援手，那將是社會與家庭之福。因為「每個孩子，都是我們的孩子」，是未來的社會棟梁與支柱，我們怎能錯過參與共融教育的機會，幫助每一個孩子與社會有所連結。

5 家庭系統根基 親密關係

父母之間穩固的親密關係，有助於孩子的穩定，

孩子也能從中學習良好的溝通，因為父母是孩子的終身範本。

父母的親密關係，是影響孩子未來同儕、師生，甚至伴侶等關係是否和諧，最重要也最基礎的示範。

父母親的關係和諧，孩子也相對和諧，因為孩子能藉由父母的相處，學習在關係中該如何應對、溝通、掌控情緒，因此父母的親密關係，對孩子有絕對影響。

因此親密關係的溝通，就顯得格外重要。

夫妻溝通，不若親子間的溝通純粹，當中還參雜了許多變動的異數，如兩人因性別所產生體質上感受力的不同，以及雙方原生家庭的應對系統所衍生的觀點、情感、

行為模式等繁複變化，溝通時，如同兩個家族間的角力戰，充滿了曖昧且複雜。因此親密關係溝通時，更需要以「核對」系統，來貼近對方的語意及深層意思。

夫妻間性別不同而產生的感受差異，讓我想起工作坊的一對年輕夫妻。我邀請這對夫妻分享近日發生的小爭執，先生想了想，表示最近挺好的，沒什麼爭執；太太則詫異的看著丈夫，因為前一天他們才為家庭旅遊的事情產生爭執，怎麼丈夫會說最近挺好的呢？

這便是一個很有意思的岔點。男人和女人看待事物的方式，天生有著非常不一樣的心思和感受。男人說一切都很好，沒什麼爭執（撇除掉家醜不想外揚的傳統顧忌），其實是源自於理性的邏輯腦。

他們不太會記得一件事太久，不會在單一焦點上著墨太久，尤其是太痛苦的事。所以爭執一結束，男人的理智作祟，就會選擇將它淡忘，或以一種「這只不過是芝麻小事」的感受來注記它。

那麼女性呢？

女性恰恰相反，女性較男人感性得多，因此面對問題時，男性覺得是小事，但對

女性而言，卻是不容易跨越的問題。

不是女性不想掙脫，而是女性的感知占據了所有理智層面，因此很難輕易掙脫問題的束縛。這時如果沒有好的對話方式協助爬梳她的感受，受傷的情緒就會一直累積，久而久之，便成了情感出現裂痕的起始原因了。

一個家庭的起點，是由非常不同的兩個人所組成，因此對每件事物的看法，自然就會出現截然不同的觀點，也因此考驗夫妻間的溝通能力，深深影響親密關係。

男女感受大不同

我問妻子爭執的事件，妻子仔細述說為了計劃一次假日的家庭旅遊，她如何費盡心思尋找價格合宜，是先生負擔得起的民宿。

這對夫妻組構的是小康家庭，先生在外工作賺錢，太太則是在家帶孩子的全職媽媽，將家庭打理得井然有序。

他們的經濟雖然不太寬裕，即使扣掉每月基本開銷後所剩不多，仍舊努力想給孩子快樂的童年，因此經常安排出遊，是一對十分用心經營家庭的夫妻。

這次出遊計畫，由於太過臨時，妻子頻頻碰壁。妻子時間不多，因此她先放下家

務，用一整天時間投入所有精力和體力尋找。對妻子而言，這代價真大，眼看孩子快要放學回來，先生也快下班。就在她焦急萬分，不知該不該繼續找下去時，她終於找到能容納一家人的民宿了。

民宿價格非常便宜，只要兩千八百八十元，環境也算優美，妻子很滿意。

妻子任務達成，這才放下心中大石頭，終於安心了。她開始期待先生下班，她要告訴他這個好消息，讓丈夫好好稱讚自己的努力。

哪知道丈夫回來聽到妻子描述，直覺回應了一句：「怎麼這麼貴！」

這句話徹底擊垮妻子，讓她心情盪到谷底。

妻子默默不語，強壓情緒，表面強裝無事，依舊照料著家庭的一切，使之運作得宜。然而入夜後，妻子輾轉難眠，再也壓抑不了內心的憤怒，將熟睡的先生挖醒，激動的表達強烈的不滿與委屈。

突然從睡夢中被妻子吵醒的丈夫，在錯愕之餘，也感到非常的憤怒，因為他完全不理解自己究竟是哪裡做錯了。難道在家裡，他連表達自己的看法和想法的權利都沒有了嗎？

兩人就這樣爭吵起來。

壓在心底的情緒

家庭中類似的小爭執屢見不鮮。若細部檢核這次爭執，就能明白問題的癥結，在於太太努力的付出沒有得到回饋與欣賞（那可是她暫停手邊所有家務，在電腦前耗掉一天時光找到的欸）。

她對於自己的努力付出，有著小小期待，期待丈夫能看見這麼努力尋找住宿，還找到便宜四人房的自己，藉此證明自己是有價值的。

然而妻子的這份期待隱而不顯，也許連她都不知道自己有這些期待：期待丈夫稱讚她，期待丈夫慰勞她辛苦，期待一家人因她的努力而展露笑顏，那麼她一整天的努力都有了代價。

沒想到妻子不但沒有得到預期中的稱讚，反而換來丈夫的批判，她覺得價錢便宜，先生卻劈頭就說：「怎麼這麼貴！」她感覺自己一整天的努力，完全被丈夫踩在腳底，不被珍惜。

但真是如此嗎？丈夫是想將妻子的尊嚴踐踏於腳底？如果丈夫真的單純覺得太貴了，他能有自己的期待嗎？當期待落空，他能表達嗎？該怎麼表達才能既表述自己的想法，又不讓妻子覺得受傷？

讓我們再一次聚焦問題的核心：當丈夫的期待（希望找到更便宜的住宿），遇上太太的期待（自己的努力被看見），這兩者的期待幾乎是反方向。期待的落差那樣大，在對話過程中，太太當然會有許多潛藏的情緒不斷湧出，先生也自覺委屈。

事實上，這只是表面上看起來，認知的期待落差懸殊而已。底層渴望被重視、渴望愛，始終沒變，兩人這樣相像，這樣靠近，彼此卻沒有發現。

妻子陳述完爭執的事件，我發現妻子臉部細微的情緒變化，那裡頭含藏著委屈、壓抑，以及不被理解的情緒。

於是我問她：「這件事情，已經過去了嗎？還是其實你還壓在心裡頭，一直過不去？」（核對感受）

妻子停頓一會兒，情緒瞬間如浪潮般湧出。

妻子說：「我當時跟丈夫說，你如果覺得太貴，就自己找。最後我還是靠自己努力，找到他可以接受的民宿了。這件事，我以為過去了，但是現在重新談起，我覺得我其實只是壓在心裡面，一直沒過去。」（傾聽＋陳述事件）

是的，事件不處理，不代表過去了，只是我們習慣閉上眼睛不去正視它，不去正視，不代表它就不存在。相反的，它也許在等待下一次的出口，匯聚所有情緒，爆發更大更強烈的反撲。

先關照對方的內在感受

為了不讓妻子的情緒二度壓抑，我立即邀請丈夫，用他慣用的說話方式，協助太太當下了解開這個癥結。

丈夫想了許久，說了許多解釋。

丈夫：「我沒別的意思。」「我只是覺得太貴。」

妻子漠然的看著丈夫。

丈夫：「只要你開口，我可以幫忙找。」

妻子表情僵硬，線條剛冷。

丈夫：「我只是……」

我請丈夫先停頓下來，然後詢問妻子，丈夫說的這些話，對她而言可有幫助？感覺如何？（核對感受）

妻子表示完全沒有被安撫到，她用手勢強調：「連一咪咪都沒有感覺被安慰喔！」

聽完反而更想發脾氣。」

我邀請丈夫換個說法，先不為自己的行徑做解釋，而是先關照妻子內在的感受，

為妻子的努力做定調，說出妻子在計劃家庭旅行上的付出與辛苦之處，也陪伴妻子內在委屈的感受（妻子在這件事情上這麼努力，但是丈夫忽略妻子的努力，關注的卻是民宿的價錢）。

丈夫跟著我的說法，重新再說一次：「我進家門時看到你那樣與沖沖的來到我面前，告訴我你找到民宿的好消息，我還嫌太貴，不知道那是你花了一整天時間上網才找到的，讓你感覺委屈了，對不起。」（複誦事件）

一瞬間，妻子的臉部線條柔和，含著淚笑了，覺得自己終於被理解了，所有委屈與不滿，都得到宣洩與釋放，一切顯得那樣的神奇。

妻子：「我舒服多了，謝謝你理解我。」

這並不是神奇的表達。我們在日常溝通時，往往只急於表達自己的看法，忘了先關注對方的「故事」，忘了聽不明白時要先「核對」。

「對話」系統一直存在於生活之中，它像個球體，只是我們向來善用的對話，都是單面向著重在自己，忘了「關照他人」，也忘了在聽不懂他人語意時去「核對」，更忘了在每一次對話結束前給予「欣賞」。

有了上述幾個步驟與示範，親密關係的溝通，會更趨於圓融與多面。

親密關係是教養孩子的基石，亦是在教養孩子之前，就必須熟悉的準備工作。畢竟穩固的親密關係，有助於孩子的穩定，更有助於孩子學習良好的溝通方式，因為父母一直是孩子學習的終身範本。

二

冰山資源
一個人的誕生

1 冰山各層　探索冰山底層的真相

孩子的行為，只是冰山外顯的一小部分，

冰山底層，才是大人需要去挖掘、保護與陪伴的瑰寶。

每個人都是一座冰山，彼此能看見的，是浮現於水平面以上的行為（故事），每一個行為都內含著各層次的訊息，如：

感受、觀點、期待、渴望、自我等。

在對話的路徑上，如何不被孩子的行為（故事）困住，錯失了探究冰山底層訊息的機會，值得父母細細審視、覺察。

當問題（行為）出現時，父母該如何撥開行為的迷霧？

拋開主觀印象

大女兒三三從小就是過敏兒，經年氣喘發作。為了改善氣喘體質，我長年帶著她學習游泳。三三七歲時，和五歲的川川一起上游泳課。一天，兩姊妹在游泳課的課堂上，發生了肢體衝突。由於我不在現場，是透過教練轉述才知道的。

下課後，教練告訴我：「媽媽，今天三三心情似乎很不好，在游泳池裡踢了妹妹的肚子，而且踢得很用力，看起來是故意的。媽媽你可能要關心一下妹妹的傷勢。」

我的腦子轉了兩圈，姊妹爭執吵架，是常有的，最後經常是姊姊動手，妹妹哭居多，看來這次也一樣。不過在探究原因之前，我決定先把過去的印象和經驗，都先趕出我的腦子，否則很容易陷入指責的狀態。

我謝謝教練對兩個孩子的教導後，便領著濕漉漉的兩姊妹進浴室，用最快速度沖洗完畢後，我不經意的問三三：「今天學游泳還好嗎？」

三三點頭，表示還好。三三沒有我以為的情緒，我猜測她也許擔心挨罵，因此不想將自己踢妹妹的行徑告訴我。

我於是單槍直入問：「教練說，你在游泳池踢了妹妹的肚子，有嗎？」

妹妹當下立即回應：「有，姊姊踢了我肚子，好痛。」

我關心妹妹有沒有受傷，妹妹說，痛過之後就好了，沒事了。

關照妹妹後，我把關心轉回三三身上，我看著她，等她告訴我她的故事。（行為）

三三聳肩，表示：「沒有啊，我是不小心的。」

我看著神色有點低落的三三，問她：「你今天是不是心情不太好？」（核對感受）

三三點頭：「真的不好，心情一直不好。」（傾聽故事）

我問三三怎麼了。

三三回道：「不知道，就很生氣。」

我送出核對：「你心情不好，和妹妹在幼兒園把你送給她的 Kitty 梳子，拿去跟同學交換 Kitty 的娃娃有關嗎？」（核對行為）

那是發生在三三游泳之前的故事。

撥開每個行為下的迷霧

三三天生不是個疼愛妹妹的大姊，我不期待她做一個疼愛妹妹的姊姊，我期待她做自己，只要不動手傷害妹妹，我接納她成為自己想要的樣子。當然，我也希冀她在

充分獲得我的愛之後，在她覺得有餘裕的時刻，能把我的愛傳遞給妹妹，如此便好。

前晚，滿載著愛的三三，第一次將愛送給了妹妹。她拿著一把心愛的 Kitty 梳子，送給了妹妹。那一刻我很感動，彷彿歷經千山萬水後，終於看到最美的一幅風景畫。那是三三第一次如此直接表露「愛」給妹妹。

兩姊妹在那一刻，彼此深深相愛著，就在游泳課的前一晚。

此時三三突然想起來了，她激動說道：「對！有關！那是我最心愛的梳子，是妹妹一直要一直要，不停的跟我要！我不想給。但是，妹妹總是說我不愛她，我想當一個很愛她的姊姊，所以我就狠心給她了，結果⋯⋯」（**傾聽故事**）

結果，妹妹帶著姊姊送的寶貝梳子到幼兒園獻寶，沒想到一進校園，同學愛死了那把梳子，願意拿一只 Kitty 娃娃跟妹妹交換，而妹妹也極愛同學的 Kitty 娃娃，於是交易瞬間達成。上學前，妹妹帶著梳子，放學後，妹妹帶著娃娃回來了。

三三：「我給她這麼寶貴的東西，她一去學校就跟別人交換 Kitty 娃娃，我很生氣。她既然沒有這麼喜歡 Kitty 梳子，幹嘛跟我要？既然跟我要了，我就以為她會很珍惜，可是她卻隨便拿去跟人家換了，我好氣！」

三三瞬間將累積在心裡的情緒傾瀉而出。我看著三三的臉，覺得每個孩子都是這

麼的美好而單純，內心都藏有豐富且易碎的情感，等待大人去核對、探索。

三三想要表現愛妹妹，因此把最喜歡的梳子割愛給妹妹，這樣的舉動，多麼美好！

但是如果我在聆聽教練敘述「三三踢妹妹」的訊息，再加上「過去經驗的累積」，判斷出「三三又打妹妹了」，因而進行一連串「處罰或教訓」的慣性反射行為，這對三三而言，只會產生更多的委屈與憤怒。

事實上，對三三而言，真相是：1. 妹妹根本不重視姊姊的愛。2. 妹妹跟同學交換的不是玩具，而是姊姊的愛。3. 妹妹把姊姊的愛狠狠踩在腳下。

如果我們看得懂冰山，便能明白三三的情緒及故事，內在便多了一份同理與疼惜。

孩子的行為，都只是冰山外顯的一小部分，冰山底層的情緒、感受、觀點、期待、渴望、自我，才是需要去挖掘的主因。愈探索冰山，就愈能理解孩子是一塊未經雕琢的瑰寶，底層的冰山，還晶晶亮亮的等待大人去保護與陪伴。

表面行為（故事）

需要大人挖掘、
細細覺察的冰山底層

感受 憤怒、委屈、焦慮、
愉快，最易影響水平面上
「行為」的變化

觀點 代表「你之所以成為
你」的看法、想法與思想的
運作

期待 自我期許、期待他人
回饋、來自他人的期待

渴望 是人存在的價值來
源，愛與被愛是基礎，漸次
追求尊重、接納、肯定、自
由與自信，逐漸奠定「自我
價值」

自我 生命力、精神、靈
性、核心、本質

2 冰山下的感受 I　情緒暴發三層次

情緒不是萬惡淵藪，而是讓人的情感能有所表達、宣洩的管道，但要避免以情緒為藉口做出傷害他人的行為，更別成為情緒的傀儡。

感受

在冰山水平面下，有一層「感受」層，代表一個人不管快樂、憂傷、憤怒、委屈，都在這一層次的感受區內。

不管是什麼樣的情緒，都考驗著一個人的內在平穩度，而情緒往往與水平面上的「行為」，有著直接的影響關係。

我的上一本書《孩子永遠是對的》，提

及情緒影響一個人的行動。一位擔任司機的父親，因為女兒用石塊在他養家活口的貨車車門上畫畫，讓他怒不可遏，竟因此用鐵絲綑綁女兒的手。女兒因父親的憤怒，失去了雙手。

情緒，絕對不是罪惡，相反的，它是讓一個人的情感能有所表達、宣洩的管道，因此表達情緒是健康的。然而當行為被情緒帶領，做出傷害他人的舉動，就不再只是單純的發洩情緒，而是蓄意傷害的行為，這便不是我們樂見的情緒。

情緒影響行為，有三個層次，每一層次的轉變，都隨著對象的應對模式而啟動更激烈層次的樞紐。在表達上，我們是否也曾不知不覺滲入了情緒勒索？雖然不是故意，卻也間接造成孩子或親人心靈的傷害，不能不慎防。

究竟從情緒到行為的層次遞演，是怎麼發生的？

情緒升起時

記得一年冬天，「霸王級寒流」來襲，我正準備開車出門工作的前一個小時，先生居然把我要用的車撞壞了。

當時的情況是，先生熱心的帶女兒去機械停車場運動，他突發奇想，要讓女兒在車庫練車，於是取出放在車子行李廂的腳踏車，卻忘記順手將行李廂關上，就跟女兒開心的離開了。

沒想到鄰居使用機械停車位時，行李廂蓋的高度超過機械停車格的限制，後桶蓋就這樣被機械停車格鋼架撞歪了，車身嚴重扭曲變形。

管理室打電話來通知我車子被撞壞時，我還一頭霧水，但隨即猜測可能是先生惹的禍。我跑去問先生，是不是他真忘了關行李廂蓋？

先生當時在浴廁幫狗兒洗澡，他大叫一聲，承認那真的是他粗心大意所為。他的聲音裡淨是驚嚇、懊惱的情緒。他驚恐的問我該怎麼辦。老實說，當時我的腦袋嗡嗡作響，全身發涼，腦子無法思考。

當天我得開車上山辦營隊，運送重達二十公斤的書籍，結果車子意外壞了，我完全不知道該怎麼把書運送上山。我瞬間沒了主意，哪裡還知道車壞了該怎麼辦。

不只沒主意，我還能感覺「憤怒」的情緒一直往上冒，火熱的，從腹部，燃燒到咽喉，最後漲滿了整顆腦袋。

我真的非常、非常、非常生氣！

那一瞬間，我只想發洩，以罵、以怒吼、以肢體、以各種能傷害對方的方式，只要能發洩「憤怒」的情緒，不管是什麼都好。

但是，我什麼都沒做。

我壓低嗓音，以極度壓抑的聲調，跟先生說：「你趕快去看看車子吧，該怎麼處理，就怎麼處理。」

我明白我的情緒已經到了臨界點，風吹草動都會溢出，因此克制得很辛苦，才能不打翻情緒。先生也明白我的感受，因此趕緊離開，下樓去處理車子。

柔軟的應對

先生離開後，我接手先生未完成的工作，幫狗兒洗澡、吹毛、清潔等，也藉由外在的忙碌，稍稍安頓煩躁的內在。

先生下樓後，開著行李廂蓋已經歪成小丑笑的車子，在街上繞了一圈。他想找修車廠，卻一直找不到，在街上繞了四十分鐘，最後只得又開回家。

他回來時，我已經把狗兒打理乾淨，把家裡一切打理好，就等他回來，因為我已想妥辦法，也聯繫好修車人員，只要將車先開到保母家，後續就有人能接手處理，我

再搭公車到陽明山，展開為期三天的工作。

儘管我一直安頓自己的內在，但仍能感覺我是有情緒的，雖然沒有先前那麼劇烈，但仍有很大一部分被我壓抑著。

我不發一語開著車，遵循「不因情緒影響行為，而做出傷害他人舉動」的原則，先生靜默的坐在一旁，臉色嚴肅淒苦，孩子在後座也靜默著。

開著歪嘴車，心裡頗苦，因為後視鏡映照出來的是整片歪掉的後桶蓋，完全看不見後方的車子。

抵達保母家之前，我終於忍不住，先打破沉悶。

我嘆了口氣，跟先生說：「對於這整件事情，你有什麼想法嗎？」

沒想到先生居然自己懊惱起來，說：「我本來想說拿了腳踏車，只一下下，等騎完我就回來關車蓋，沒想到騎完我們就上樓回家了，完全忘記行李廂還沒有蓋上。

唉，我真該養成順手就關車蓋的習慣。」

我訝異先生的自省自察，也欽佩固執的他，此刻竟願意向我示弱。

剛強的應對，招來全副武裝的反擊；柔軟的應對，換來自省的空間。我的柔軟，讓先生更深層的反省與覺察，這便是應對姿態的真意。

我心疼起先生的處境，畢竟要面臨責難與責任的，是他不是我，於是，他的柔軟也帶動了我的柔軟。

我說：「是啊，真的要順手關車蓋。上山工作前車子壞了，對我們影響很大呀！希望你記住這次事故，下次別再忘了。」

說完這句，我已完全放下怒氣了。我明顯感覺胸口、腹部、腦袋，都不再如剛剛情緒漲滿的灼熱，我已全然接受這次意外。

學會接納情緒

後來，朋友與我有一段關於這個事件很有意思的對話，我才明白事件當下，我已跨越了從情緒到行為的變化，因此沒有釀成更大的災難。

我將朋友的對話記錄於下，便於解構這三個層次的變化。

朋友：「先生把你的車子撞壞，當下你為什麼不罵他？他做出這樣的行為，真的應該好好罵他，以洩心頭怒火！」

我：「我罵了他，就會想打他。」

朋友：「那就打啊，他這樣的行徑，真的該打！」（責罵為第一層情緒）

我：「我打了他，就會想殺他。」（**動手為第二層情緒**）

朋友：「啊？」

我：「你以為，他會乖乖讓我罵嗎？被罵，心情不好，就會頂嘴，一頂嘴，我就會更暴力的制止他，不是嗎？」（**置對方於死地為第三層情緒**）

朋友：「打一打就好，怒氣就會消啦，不用到殺。」

我：「要是我真打了，你以為他會乖乖讓我打嗎？你怎麼知道他不會回擊呢？」

朋友：「他敢回擊，你就打得更凶！」

我：「是啊，只要他敢回擊，我肯定就會打得更凶，因為我絕對會想壓制他，誰叫做錯事的是他。但是萬一他狗急跳牆也打我怎麼辦？你說，到時候，我會不會想拿把刀殺死他？情緒不就是這樣堆疊出來的嗎？」

殺人，當然只是一種情緒上的形容詞，但如果真的「罵」出口，下一步就會「打」出手，最後就會想「殺」人。罵、打、殺，是憤怒情緒帶來行為的三個層次，因為行為在配合情緒演出這場戲時，只會往上加成，以武力恫嚇或壓制對方，社會上許多衝突殺人的事件，不就是這麼來的？

情緒絕對不是萬惡淵藪，但我們得嚴防情緒反客為主，成為我們的主人，那就會

混淆原本的用意，屆時我和先生的相處，肯定就會變成以情緒對抗情緒的狀態，我將喪失自我，成為情緒的傀儡。

美國社會心理學家費斯汀格（Leon Festinger）曾提出一則論述，他說：「生活中的百分之十，是由發生在你身上的事情組成；而另外的百分之九十，則視你對這些事情的反應所決定。」

確實如此。日常生活中，親子關係、兩性關係，肯定會面臨很多不如意，如果總是以憤怒的情緒來面對，一定會讓事情變得一塌糊塗。反之，如果任何事，我們都能學著接納情緒，便可以得到比較平穩的狀態，那麼很多不必要的傷害，就能避免了。

3 冰山下的感受 II　不做情緒的傀儡

面對洶湧的情緒，你可以選擇用較好的姿態來面對，不讓行為與情緒共舞，避免風暴擴大。

感受

經過上一章的演繹，不難發現水平面下的「感受」，很容易直接影響水平面上「行為」的變化。

我覺得憤怒，我感到委屈，我有些難過，我覺得快樂，我感到愉悅，我有點焦慮……這些都是屬於感受的範疇。

「感受」，只是冰山裡的其中一個層

次，卻經常喧賓奪主，成為「行為」的主人，而真正的主人（自我），反而變成盲目的隨從。

該如何掙脫情緒的勒索？若能從情緒的掌控中看見事物的「正向價值」，會是很關鍵的選擇。

誰對誰錯？

某個週五，大女兒三三學校慣例有朝會，老師幾天前就寫聯絡簿提醒，希望三三當天得早到，因她要上台領獎，怕遲到錯過上台的機會。

為此，我比往常提早十分鐘叫喚三三起床。

不過那天三三的狀態不如預期，我喊了幾聲後，她便有情緒了。察覺到她的情緒，我便告訴她：「我感覺你好像有些不高興。這樣吧，時間交給你，我在客廳等，需要我幫忙就喊一聲。你弄好了就出來，我帶你到學校參加朝會。」

我放下對時間的焦慮，將責任還給三三，但該有的陪伴，我也擔負起來，只要三三需要我，我隨時都在一旁。

就這樣，三三在沒有我的提醒下，一路錯過了時間。即使出門時已然趕不上朝會，我仍不介入催促。

為了讓出門的路程更順暢，我和先生換手陪伴三三，我先下樓去車庫將車子備妥，父女倆一下樓，我們就能出發。好不容易盼到他們到車庫，一看不得了，兩人臉色都很僵硬。

原來三三知道無法上台領獎了，情緒立刻上來，對爸爸發脾氣。當然，沒有例外的，收到炸藥脾氣的爸爸，自然也就怒氣相向的回敬，爸爸咆哮：「是你要領獎又不是我要領獎，你凶什麼凶！以後不要再叫我幫你什麼忙！」

父女倆就這樣槓上了。

我開車駛離社區沒多久，就聽見後座傳來三三的聲音，她抱怨爸爸對她太凶，向我告狀。

爸爸聽聞這番話瞬間惱怒，因為爸爸認為是三三先口出惡語，他才反擊的，因此也立刻怒言回敬三三的抱怨。

三三接收到爸爸猛烈的責罵，終於受不住外在（朝會無法上台）和內在（被爸爸責罵而憤怒、委屈）的夾擊，在車內也跟著咆哮（歇斯底里）。

爸爸冰山裡的感受，是被三三的行為給惹惱，引發他在感受上的各種情緒。從表面看來，爸爸是有道理發脾氣的。

面對洶湧情緒的抉擇

然而，三三是這場衝突的始作俑者嗎？

檢核三三的冰山，不難發現，一個面對期待落空、無法上台領獎的孩子，要瞬間接納殘酷現實已不容易。這時若再遇上父母厲聲催促，任誰都沒辦法心平氣和的出門。三三的情緒，也是其來有自呀。

這對父女，各自都有委屈與傷口，也都有自己的理由。但是別忘了，大人永遠比孩子有能力去「選擇」，甚至「決定」，要以什麼方式面對洶湧而來的情緒，甚至面對孩子。

三三與先生的僵局，讓我能感受到車內充斥著兩股氣旋，彼此相互拉扯、旋轉，而我的情緒也緩慢的揚升。

父女倆的情緒，再加上我內在的情緒，那幾乎就是三個強颱匯聚一堂！

為了防止風暴繼續擴大，我先安頓自己的情緒，我為我的決定，做出了「選

擇」。雖然父女倆的情緒影響了我，我仍舊有「選擇權」，我願以較好的姿態，面對車內家人的情緒與困境。

這便是先前提到的：面對情緒撲面，大人永遠比孩子有能力「決定」自己的姿態。

當我調整好內在情緒，決定介入父女間的僵局，展開與三三的對話。

我和三三有了短短五分鐘的對話，同前幾章詳述的步驟無異，先是理解她的焦慮、核對她的感受、貼近她面臨遲到又挨父親責罵的處境，也表達了欣賞她的處境雖然不容易，但她一直很努力，沒有放棄溝通，也沒有放棄上學，這一切我都看在眼裡。

此刻的對話，我選擇與三三站在同一個海岸線上。我理解她的困境，理解她此刻擁有的感受；對於這樣的感受，我沒有評價，反而給予欣賞，欣賞她所做的一切努力。

三三聽完我的話，瞬間止住了風暴，氣旋變小了。我能感覺，她憤怒的情緒轉為滿腹委屈，因為挨爸爸罵了，當然委屈呀。

結束對話前，我再度給予我的欣賞，也給予了我的信任，因為我仍舊把上學時間的掌控交付在她手裡，語言中，我表達了：「我知道你非常努力想做好準時上學的準備，只是今天有些差池，但我依舊相信你能找到改善的方法。在找到方法之前，我會一直陪在你身邊，隨時做你強而有力的後盾。」

先陪伴自己穩定

在此事件中，處理的順序是：

1. **關照自己**：我覺察到自己有情緒，我允許自己有情緒，也在情緒來臨時，意識到自己是有選擇權的。我可以發脾氣，但我沒有，我決定先離開三三身邊，先關照自己的內在，陪伴自己穩定。

三三安靜了。

在三三平復了情緒之後，我轉而對先生說：「謝謝你幫我承擔了許多責任，也讓你因此面對了孩子的情緒。我很抱歉，也很感謝，辛苦你了。」

先生聽了我的話，情緒的氣旋立刻削弱許多，先生拍拍我：「你比較辛苦，我沒做什麼。孩子嘛，誰沒有情緒呢！過了就好。」

瞬間，父女倆的僵局化為無形，車內的風柔和的撫面滑過，優雅有愛。

車子到校後，三三深深的擁抱著我一會兒，然後獨自步入學校，已然接納無法上台領獎的現實。

2. **不讓行為與情緒共舞**：當我回到三三身邊時，面對三三的情緒，我能覺察自己的情緒遊走在理智與憤怒之間。我再度安頓自己的情緒，拒絕情緒做我的主人，不讓情緒主宰我，因此我的行為沒有脫序責罵，亦沒有跟著爸爸和三三的情緒起舞，才能開啟一場穩定且具有能量的對話。

3. **給予欣賞與信任**：對話時，我以非常穩定平實的語氣，肯定三三的努力，也給予高度的信任，並且欣賞她所做的努力，也相信她能找出可修正的錯誤，只要持續努力，總會有辦法準時到校的。

4. **回應感謝伴侶**：孩子是引發情緒風暴的源頭，因此在緩解了孩子的情緒後，我也沒忘記給予先生欣賞與回饋，不致讓先生一個人孤伶伶的收拾情緒過境後的殘局。

藉由這幾個步驟，我安頓了自己，也安頓了父女倆的內在，接納他們的情緒，可能還適時化解了一場情緒風暴，也讓一家人擺脫了成為情緒傀儡的困境。

觀點

4 冰山中的觀點　別讓「傷痛」箝制彼此的心

深層剖析冰山下的觀點，察覺情緒升起的原因，逐步鬆動難以撼動的觀點，才能不受過往的情緒、傷痛擺布。

在冰山的圖層中，有個名為「觀點」的層次，位在感受的下方區塊，它代表「你之所以成為你」的看法、想法與思想的運作。

觀點是經年累月形成的，絕大多數源自兩個面向：1. 原生家庭（父母）的影響，2. 成長經驗的堆疊。

想改變一個人的觀點，幾乎是要撼動他

的根本，抹煞過去所有存在的意義與價值，我們會因為觀點不同而爭執、辯論得面紅耳赤，只為捍衛我們的根本，一不小心就擦槍走火，甚至引來殺機，這便是觀點在作祟。

人為了自己賴以生存的觀點，向全世界宣戰，只有旁人明白這個觀點也許不適合他。但試圖改變他人觀點，不管是當事人還是自己，都將傷痕累累。我們不禁要問：

「不適合自己（或他人）的觀點，究竟能不能（被）改變？」

答案是，當然可以。但絕不是過去慣常使用的「說服」或「辯論」。因為人的觀點都是一點一滴累積而成，想快速改變他人觀點是不切實際的，不得不特別小心。

想要介紹新的觀點給他人，需要一些時間。「體驗」是最好的切入點，能讓他人換位思考，從原來的觀點跳脫，進而接受新觀點。

觀點迥異帶來的爭執

舉個例子，讓大家更進一步明瞭上述文字的意思。

一位朋友 M 前來找我，傾訴她與先生的爭執，以及共組家庭的困境。

M 與先生假日一起帶孩子回婆家，當時她進廚房忙著張羅晚餐，將三歲兒子交給

先生照顧。結果兒子與堂哥為了玩具起爭執，一旁的先生不但不維護兒子的權益，甚至以嚴厲口吻責罵兒子，要他把玩具讓給堂哥。

M在廚房聽到，氣急敗壞的衝出來以身體擋在兒子面前，試圖撐起孩子安全的防護網，藉此抵抗堂哥的欺凌與先生的蠻橫不講理。

我核對M的意思：「你的意思是，你將孩子交給先生照顧，但是先生用了錯誤的方法照顧，你為此感到生氣，是這樣嗎？」（**核對故事與感受**）

M回答：「對，當時兒子和堂哥發生衝突，是堂哥來搶兒子的玩具，根本不是兒子的錯。先生應該去處理堂哥的行為，但是他卻忽略堂哥的錯誤行為，還用情緒吼兒子，這不是本末倒置嗎？」（**傾聽故事**）

我再次核對：「所以，即使你去廚房忙了，你仍要求先生要用你期望的方式照顧孩子，是這樣嗎？」（**核對期待**）

M突然愣住，看著我。

我也看著M，耐心等待她回應我的問題。

M不語，我再次核對：「你一直都希望先生照你的方式照顧孩子，是嗎？」（**核對期待**）

M是個有覺知且敏感的人，當我這麼詢問時，她體內的警鐘大響。

她沉默了。

久久之後，她落下淚來，哽咽訴說她會如此生氣，可能不只是因為兒子被先生無理的責罵，可能還包含另一個原因，那是一個傷心的故事。（過去懸而未決的感受，影響此刻的冰山。）

藏在心裡的傷

M說，她與先生一直以來都分隔兩地，所以她向來逞強、不求外援，獨自撐著自己和孩子的生活，彷彿孩子是她一個人的，連她都像沒有先生似的。

她覺得自己一個人也可以把孩子帶得很好，所以從沒有埋怨過先生。然而當她和先生相聚時，不知道為什麼，就會不自覺升起一股憤怒的情緒，覺得先生憑什麼在家庭中缺席？因此每每看見他，就會不由自主的指揮著他按照自己的意思照顧孩子。長久下來，她和先生的衝突愈來愈多，而她越發感覺疲累、孤單。

M述說至此，突然憶及不久前，那個因病來不及相見的孩子。

M說：「我原本已懷了老二，是個女孩，但是產檢發現孩子基因異常。因為不希望孩子生出來面對不友善的世界，也擔心對父母與孩子來說都是負擔，百般無奈下，只好選擇讓孩子離開。動手術時，醫生問我要不要看看孩子，我不敢看，怕看了會崩潰。我知道她肯定很孤單，很難過，但我就是強忍著，連去想的勇氣也沒有。我更不敢悲傷，怕因此陷得更深。可是每次不小心想起來，就好難過。」

M有很深的悲傷哽在胸口，也許連她自己都不知道，有一股深深的悲傷正在控制牽引著她。

原來，M對先生的憤怒，不只是表面看起來的原因。透過爬梳，連結到過往未處理的傷口。

難以撼動的觀點

若要協助M處理過去的傷口，我得更清楚M在冰山的哪一層次卡住了。

我核對她的語意：「你的意思是，那孩子曾經存在過，但你卻撇過頭去，沒有正視她曾經存在？」（核對故事）

M：「對。」

我：「你希望她從來就不曾來過？」（核對期望）

M：「……我沒有這樣說過……」

朋友陷入悲傷。

我：「你很自責。」

我：「你很自責吧？」（核對感受）

M點頭。

我：「你希望能用自責贖罪嗎？」（核對觀點）

M突然猛力點頭。

我：「你希望用自責來記住孩子曾經存在的事實嗎？」（核對行為）

M的淚水更多了，不停的點頭。

M：「如果不這樣，孩子不就白來了？她會怨恨我把她忘了，所以她肯定也希望我用這樣的方式記住她。」（傾聽觀點）

我：「你的意思是，孩子也希望你這樣做？」（核對期待）

M：「應該是吧！」

我：「所以，你認為孩子希望你悲傷，每天都以悲傷度日，這樣她才會高興？」（核對觀點）

朋友愣住了。

對話裡，我以一貫的傾聽、複誦、換句話說等「核對」工具，不停來回穿梭於M想表達的意思，在冰山各層來回敲擊，並在她早已無法撼動的觀點上（懷著悲傷的樣態才對得起死去的孩子），以她的觀點詢問她。

M執著自己的觀點，並且期待先生也如此過活。但先生沒有愧疚過日子，甚至連反省都沒有，居然還用蠻橫的態度對待有幸與他們一起生活的兒子，叫她如何能接受！

鬆動觀點

為此，我決定在M的觀點上，嘗試鬆動她的堅持。

我：「孩子希望你過得痛苦，這是她來這一遭的目的？」（核對期待）

M又搖頭了。

我：「還是，這只是你的想法，並不是孩子的？」（第一次鬆動）

M：「當然，這只是我的想法，我覺得我把自己搞得難堪一點，她應該就會比較釋懷自己不能被生下來。」（傾聽觀點）

我：「那麼……你覺得，這個來不及出生的孩子，希望你悲傷，還是快樂呢？」（再次鬆動觀點上的感受）

M聽完，又落淚了。啜泣聲中夾雜著她的痛苦：「除了悲傷，我不知道還能為她做些什麼，她是被我拋棄的孩子。但是我想，孩子是善良的，她應該會希望我這輩子都是快快樂樂的。」（M的觀點被鬆動了，她以自己的感受去詮釋孩子的觀點）

她想去的方向。

我讓M的悲傷奔流一會兒，沒有去打斷她。

M的觀點，從原本的位置，輕輕被提起，並且重重的轉向了。最後決定是否要鬆動或是移動，完全取決於她的決定。我只是一座橋，在她面前鋪展一條路，引她走向

告別悲傷

M哭聲漸息，我輕拍她，以聲音喚她，回到當下。

為了讓M處理過往未處理的傷痛，我決定帶M做一個「告別儀式」，透過儀式的完成，才能帶領M從傷痛的低谷裡，走回現實生活中，也才能不受過去傷痛擺布，重新處理與先生的關係。

我：「當日你刻意選擇不去看她，不想承認她真實的存在，她確實會難過。那天

你來不及向孩子告別，今天，你願意重新跟她告別嗎？」

M淚眼迷離的點頭，同意向孩子告別，承認她來過，也坦承自己的自責與痛苦。

我：「接納孩子曾經存在，承認她來過，遠比你放她一個人傷心、孤單好得多。」

我帶著M，以冥想的方式，做了一場小小的告別儀式。透過我聲音的帶領，讓M去感受孩子的愛，也讓M去重新成為孩子的母親，給予來不及出世的孩子一份祝福，讓這份祝福，以愛的形態，永駐彼此的心田。

告別儀式完成，M整個人宛若重生，晶亮剔透。

M說：「我愛孩子，也能感覺到被孩子愛著。對於先生，你說的對，我太想控制他了，甚至用過去的情緒去箝制他，不准他過得太恣意妄為。但我忘了先生也是獨立的個體，我應該尊重他養育孩子的方式。我可以不認同他的行為，但不需要生氣，他有教養的權利與理由，我過度干涉了。」

朋友帶著笑與愛離開。

接納，不是以頭腦去說服自己，而是以身體去感覺，觀點也是如此。唯有體驗到愛，才能敞開心胸全然去接受，原本荒蕪乾涸的內在島嶼，便能流進一點愛。

期待

5

冰山裡的期待　愛的恐怖分身

你可以有期待，但每個人也都該擁有拒絕這份期待的權利。

請允許你的期待落空，並學著接納失落。

愛，是可以自動修復身體的強大能源。

當愛進入身體時，能驅趕負面感受，讓人沐浴在光和感動中。

但是，愛，有個假面分身，它的名字叫「期待」。

人經常以為，自己對他人好，這是愛。

而愛是好東西，他人應該要歡喜接受，要無

條件迎合，並且，最好知道要感恩與道謝。

然而這不是愛，這其實是愛的恐怖分身——「期待」。

期待，本來是會很讓人喜悅的正面感受，它會讓人感覺未來有希望，但前提是，絕對不能讓它失望，更不能讓它憤怒。因為當它生氣時，它就會毀滅一切。

我對你這麼好！

在我們家，愛來過，它的假面分身也來過，最後，毀滅也來過。

前些時候，大女兒三三知道妹妹川川受傷了，三三發揮無比的愛心與耐心，協助川川寫功課，陪伴她玩遊戲，還規劃許多活動讓川川玩。

看川川遵照自己的規劃好好的生活、玩、寫作業，三三很感動。

三三說：「真好，川川長大了，都會乖乖聽話了，不像以前。」

我笑了笑，沒介入姊妹倆的相處，只是觀看。

三三還曾偷偷告訴我：「媽，我想當個好姊姊，以前就算了，但我覺得這次一定可以。媽，你不要告訴任何人，連川川都不要說，我想讓她和大家自己發現，好嗎？」

我欣慰的點頭說好。

姊妹倆一路扶持，妹妹也乖順的接受姊姊的照顧和安排，和諧的相安到晚上。

後來川川手肘受傷的地方愈來愈痛，不停哀號。三三立刻找來ＯＫ繃要幫川川包紮，沒想到川川卻嚷嚷著要媽媽包紮，不要姊姊。

三三幾次說服，川川依然哭著要媽媽，眼見說服不了妹妹，自己的愛宛如被妹妹踏在腳底，一種不被重視、不被尊重，甚至不被妹妹所愛的感覺油然而生。這種感覺，覆蓋了先前飽滿的愛，於是憤怒、恨意，隨即占據了心胸。

最後三三淌著淚，低聲怒吼妹妹：「我不要再愛你了，我對你這麼好，你卻這樣對我，居然只要媽媽，不要我幫你，你太讓我失望了，我不會再對你好了！」

以愛之名

就這樣，我看著「愛」來過，也看見「期待」跟在後頭，悄然變身為愛，取代原本該是無私的愛。最後因為「期待」受傷了，只得出口傷害他人，也拒絕再付出愛。

然而，愛，應該是無私的，愛，不容許以任何行為和物質來交換，它應該是全然自由與獨立的，不被情緒勒索綁架，才是「真愛」。

三三不容許自己的愛失敗，這當然就不是真愛，只是帶著假面的「期待」而已。

三三的行徑，其實在大人世界裡也很常見。

老師對學生好，於是期待學生要有學生的樣子，回饋老師的用心。

父母對孩子好，於是期待孩子要聽話要懂事，回饋父母的努力。

愛人對情人好，於是期待情人要時時刻刻遵照自己的方式生活，回饋愛人的真情。

然而，這些是真愛嗎？

當我們以為這就是真愛，並將所謂的真愛，充填進「家庭」裡，孩子居住在披覆著晶亮亮的假面真愛下，又將如何滋養建構出他們的內在呢？

期待，在冰山層次中具有向上動力。當人一有期待，就會帶動內在向上驅使的動力，進而顯現在冰山上層的「行為」，展現驚人的舉動，如：期待和喜歡的人去郊遊，而精心製作出令人驚豔的壽司。

相對的，當期待落空時，人便會因無法承受失落的痛苦，而做出讓他人錯愕的舉措，如：追求情人不成，因而生氣辱罵對方，甚至做出恐怖行徑。

因此許多人都認定「期待」是不好的，因為期待落空後的「失落」讓人難堪，為了避免失落，所以最好不要有「期待」。只要沒有期待，就不會有失落，如此層層克制，就可以事先避免不必要的傷害。

然而，真是如此嗎？

少了期待，生命還有熱情嗎？少了勇氣去期待，日子就會過得比較如意？

正好相反。期待是人類向上的動力，因此少了期待，生命就少了活力，也就少了那麼點韌性的磨練，也因此會喪失向上進步的驅動力，生命就顯得索然無味。

因此，我們要學的，究竟是不要「期待」，還是學會接納「失落」？

答案顯而易見。

允許期待落空

某天，一個熟識的工作坊學員（幼兒園老師），利用下課時間來到我身旁，表達她的困惑。

她說，學習「對話」，用在幼兒園的孩子身上，很好用，但應用在家庭生活的對話上，卻窒礙難行。

我問，窒礙難行是什麼意思？

她說，就是我想跟孩子溝通，但孩子根本不聽，問題依舊存在。

我對她笑了笑，說：「你可以有期待，也請允許期待落空，並且接納失落吧。」

這位學員愣了一下，彷彿被撞擊到什麼似的，沉默的走回座位思考。

會這麼對學員說，是因為我知道她對待自己的孩子，有著較高的期待，因此更容易因期待未滿足而受傷。

前幾日，三三很努力的做完功課、洗澡、練鋼琴、刷牙等日常生活瑣事。她上床時已經十點半，超過家裡規定的九點。三三覺得自己很努力，應該獲得獎賞，要求我說故事給她聽。

我先是讚許她的努力，也回應她期望聽故事的想法。不過，我仍舊告訴她，時間很晚，沒辦法說故事了。

怎知，三三一直哀求：「講故事，媽媽講故事，媽媽講故事，媽媽講故事……」

我明確拒絕了多次，但三三仍舊不停跳針、哀號。

我坐下來，沒有離開，聆聽她一次又一次的要求「說故事」，而我也看準時機幾次明確回應，「沒辦法」。

我沒有離開，是因為我知道，如果此刻我離開，三三會更傷心。因此我選擇坐在原地，諦聽她的期望。但同時也告訴她：「你的期望我聽見了，但我沒辦法答應你。」

每個人，都可以擁有自己的期待；每個人，也都擁有拒絕的權利。並不是所有期

待都必須迎合，也不是自己所有的期待，都要求他人達成，這是相對的權利，完全不相違背。

因此我完全理解且接納孩子的期待。三三確實可以一而再，再而三的為了自己的期望要求我，我也可以依照我的狀態以及家庭規範，一而再，再而三的拒絕她。這和愛無關，就只是身為母親的我，以自己的狀態來衡量適當的回應，如此而已。

時間來到晚上十一點，三三可能知道再要求下去，也不會改變什麼，因此放棄了，轉而要求我抱抱她。我抱了她一會兒，身子雖然疲累，但心的確是非常愛她的。

父母可以擁有期待，期待孩子變好，期待能與孩子溝通，期待孩子在時間內將規定的事務完成，期待親子問題能得到解決……這些都是大人可以期待的事。

相同的，孩子也能擁有期待，期待媽媽說故事，期待超過上床時間仍然可以獲得通融，期待媽媽付出更多溫柔和耐心……

不過，每個人也都該擁有拒絕這份期待的權利，因此，接納期待後的失落，才是「期待」這個層次最重要的學習。

6 冰山裡的渴望 I 愛，阻止悲劇

父母永遠是孩子面對世界最強而有力的牽絆。

如何在日常裡埋下愛的訊息，牢牢牽住孩子，是父母刻不容緩的功課。

渴望，是一個人存在的價值來源，亦是成長過程中，內在穩定的力量。

在渴望的層次裡，低幼孩子期望的通常是父母的「愛」。隨著年齡增長，有了愛的根基，逐漸追求尊重、接納、肯定、自由與自信，最後逐漸奠定「自我價值」。

由索求的順序可以看出，愛與被愛是最

基礎的渴望，也最為重要，其餘渴望皆需有「愛」，才能穩定向上發展。父母給予孩子的愛若不穩定，或不夠純粹（假藉愛之名，行使各種行為的脅迫，如打罵等），孩子的成長過程很快就會出現問題。

最溫柔的牽絆

工作坊裡出現一對中年夫妻，他們是為了大女兒前來。

大女兒現今已經上高中。國中以前，女兒是個很乖的孩子，非常聽話，而且從不辯駁。即便女兒有不一樣的想法，也總能接受父母的管教，因此父母認為自己教養有方，孩子也乖巧懂事有禮貌。

女兒國中以前，是否承受壓力，父母不甚清楚，只知道上了國中後成績中等。父母要求孩子再努力些，女兒也甚是聽話。

不料，高中聯考女兒考得非常不理想，落到倒數最後一名的高中。

父母希望女兒邊上高中，同時準備來年重考。誰知女兒完全放棄學習，成績一落千丈，竟然淪為全校最後一名。女兒不想努力了，在學校甚至開始出現自殘行為。

割腕，成了女孩發洩情緒的手段。

父母根本不知道女兒自殘，要不是老師發現，還在自顧自的鞭策女兒，責罵女兒

不知用功，竟然落到最後志願的最後一名。

這對父母從來沒想到女兒的壓力已經這麼大，他們手足無措，不知該如何拯救女

兒脫離困境，也不知道用什麼姿態和孩子談話，更不知道該談什麼？怎麼談？

女兒太乖太聽話了，他們已經習慣以高高在上的姿態對女兒說教，直到女兒自

殘，他們才明白過去錯得太深。

父母不想再以高壓方式對待女兒，他們決定重新學習更好的方式來帶領孩子，希

望親子關係和睦，讓自己成為女兒在這世上最溫柔的牽絆，在女兒做傻事之前，能想

起他們的愛，而放棄自殺。

尋常的愛，不尋常的力量

這件事情，讓我想起青少年時期的自己。

我在青春期時，也是個性格暴烈且孤單的孩子。

我出身單親家庭，父親獨自養育四個孩子，因此，童年時期我和父親的連結，夾

雜著許多手足的混亂關係和不被理解的感受。

在這樣的家庭下長大，我經常覺得孤單，覺得沒人懂我，覺得世界就算沒有我，也無所謂吧？

然後，當我有那麼一瞬，過得不如意，遇到無法解決的問題，冒出想要結束生命的念頭，想要惡狠狠拋下這世界所有的一切，腦海裡就會浮現父親的臉。

當時我並不覺得和父親有多深的連結，但不知道為什麼，每當想要做傻事時，就會自然想起父親。我會想著，父親若失去了我，該會如何難過？他該怎麼面對我的離去？遂打消了做傻事的念頭。

為什麼在我絕望的想與世界告別時，會想起父親的臉？

原因無他，因為我知道他愛我，這世上誰都不在乎我，但唯獨他例外。

父親永遠在乎我。

父親平日總不吝對我說：「我愛你，四個孩子我都一樣對待，我都愛呀。」這句話，從我年幼一直伴我到成年，直到父親離世為止，從來沒中斷過。他是真切的愛著我，而且是透過言語，直接表露他對我的愛。

想起父親的愛，我就特別有感觸，因為父親不是個溫暖的人，總是被家事和四個孩子牽絆住，生活忙亂，情緒大得像雷，孩子不聽話，父親難免責罵鞭打。

即便是這樣的父親，我仍然感覺我是被愛的。

十八歲那年，我讀專三。當時我選擇住校，只有週末才回家和父親相聚。一次週末回家，我因某事被哥哥誤解，我壓抑不住委屈和怒火，立刻提起剛放下的行李，賭氣跳上公車，又坐車返回學校宿舍。

回校後，我如常打電話回家向父親報平安，結果父親在電話那頭對我說：「我知道你很委屈，平安到校就好，好好保重身子呀。」

聽父親這麼一說，我淚如雨下，登時覺得不委屈了，因為父親懂我，他一句話就貼近了我的委屈，理解了我的委屈，這世界是有人懂我的。父親的愛，幻化成無數絲縷，緊緊牽絆著我。那是我成長過程中，讓我留下來，與這世界連結的強大理由。

往後的成長歲月裡，稍有不如意，偶有想不開和困頓時，父親那份愛的細絲便將我牢牢的捆住，讓我知道自己不孤獨，至少還有父親是疼惜我的。

在日常裡埋下愛的訊息

父母永遠是孩子面對世界最強而有力的牽絆。如何在日常生活中，埋下愛的訊息，牢牢牽住孩子，是父母刻不容緩的功課。

這對夫妻的前來，代表著決心與努力。

我問他們，願意花多久時間等待女兒？

我的擔憂不無道理，畢竟過往高壓的應對慣性，已經養成孩子在家庭裡慣性迴避，面對父母的關心，也習慣以恐懼回應。想重新喚回孩子的信任，父母確實需要花上比過往多出好幾倍的時間。

聽聞我的詢問，他們絲毫沒有遲疑，雙雙回答：「不管多久，我們都會等。」

這便是父母。

只要有了這樣的決心，再難的親子關係，都有了解套的可能。

曾經，有位母親長期與孩子之間失去連結，連語言都省略了。經過學習之後，母親日日以溫和且一致的姿態，送上關心的語言與行動，整整等待孩子一年，過程沒有絲毫灰心，每日太陽升起，她就重新提起希望，努力送出關心給孩子。

一年後的某一天，已升上高中的孩子，突然打開房門走向餐桌，拿起媽媽平常為他準備的水果，一面吃一面跟母親說：「好餓喔，還有什麼可以吃嗎？」

聽見孩子主動開口和她說話、和她連結，她立刻從沙發上跳起來，歡愉的奔去廚房，為孩子煮點麵充飢。

母親等了一年，終於等到孩子的一句話，這全歸功於母親願意耐心等待。

「不管多久，我們都會等。」這句話隱含了父母對孩子全部的愛。雖然起步確實慢了點，過程肯定艱辛，但至少起步了。慢慢走，終有一天能連結孩子，讓孩子感受到自己並不孤單，這世界一直有人在乎他／她。

愛，永遠讓人柔軟，讓孩子知道回家的方向。我深信這對夫妻，也能喚回孩子，時間也阻隔不了他們走向彼此。

7 冰山裡的渴望II 媽媽，你還愛我嗎？

愛，可能被繁雜瑣碎的事物給屏蔽。但愛，一直都在。

愛，不該因為家庭壓力而扭曲或變質，

愛，必須是無私的給予，恆久的存在。

渴望

某次在新竹演講，結束時，有個女孩來到我跟前，怯懦的問能不能和我聊聊，問幾個問題就好。

我能感覺到她是個纖細、敏感又體貼的孩子，前來提問的同時，不忘體貼旁人。

我們一起走入夜色中，我同時諦聽她的問題與處境。

女孩問我，該如何改善家庭氛圍。

我探詢這句話背後的來由，她說，爸爸在家庭裡長期缺席，沒有擔起應負的責任，媽媽一個人扛起所有的家計，因此心中有很多怨言和怒氣，埋怨爸爸把所有重擔都丟給她。

被屏蔽的愛

「所以，你想改善媽媽對待家庭的態度？」我問。（核對目標）

女孩搖頭。她說：「我功課不好，讀書總是背不起來，考試也考不好。媽媽每次看到我的成績，總是氣得邊發抖邊罵：『你和你爸一個樣。』」（傾聽故事）

原來，母親將對父親的氣惱，全發洩在女兒身上了。

「所以，你想要的是？」我問。（核對困境）

她悲傷的說：「我不想讓媽媽生氣，但是我功課就是不好，再怎麼認真，都考不好，我真的很努力了。我也不想變成像爸爸一樣的人，但是我真的盡力了。可是我一說已經盡力了，媽媽就罵得更凶，根本不聽我說話。我希望媽媽不要每天都這麼生氣，生氣對身體不好，我希望她能過得更好。」

我問女孩，你很愛你的媽媽？

她堅毅的回答，當然。

我能感受到女孩對母親的愛，那樣的全然而且純淨。

她深深愛著母親，即使母親屢屢出口傷害她，她依舊想要找回過去母親曾經給予的那些愛，憑藉自己微薄且虛弱的愛，想要趨近母親，即使傷痕累累，仍舊渴望著母親終有一天能愛她一些。

我說：「你想改善和母親的關係，我可以教你一句話。然而這需要一點冒險，你有勇氣冒險嗎？」（核對目標）

女孩堅定的回答，「我願意。只要能改善和媽媽的關係，要我做什麼都願意。」

（傾聽期待）

我提醒她，「過程中可能還是得承受媽媽不停的責罵，你挺得住嗎？萬一失敗了，能接受失敗的結果嗎？」（核對期待）

女孩依舊堅毅的點著頭。

她什麼都願意嘗試，為了靠近母親，她什麼都願意做，即使失敗了，也不擔心，因為一切不過就如現在一般，不會更糟了。

真愛不變形

女孩是勇敢的,我站在黑暗中,凝視她的眼睛,透著果敢堅毅的光芒。

我輕聲說,那句話無他,是「愛」。

我邀請她,下一次母親責罵她成績不好、一切都不如人時,勇敢的坦承自己在學業上的失敗,但也別忘了告訴母親,即使功課不好,即使像爸爸,但都無損於她對母親的愛。請告訴母親,「媽媽,我一直很愛你。」

女孩深深、深深的震懾了,不禁淚灑夜幕。

我看見她的孤單,看見她一直在等待母親的愛,看見她的堅毅,也看見她的勇敢與脆弱。這句話,深刻的連結了她心底深處永恆的渴望,她愛母親,也渴求母親的愛。我不知道,女孩與我一別,轉身面對母親砲火時,究竟會遭遇什麼樣的風雨。她能不能挺到最後,能不能如實表達心底的渴望?

然而,望著她潸然的淚水、瑟縮的身子,在在湧現出她的渴望與堅毅的力量。

孩子勇於挑戰僵化的親子關係、選擇改變,這些特質,我深信是母親帶給孩子潛移默化的影響。我彷彿看見母親是個認真之人,曾在女孩生命中,用心的經營一切。

我將女孩的樣子，深深烙印在腦海裡，深深祝福她。

女孩的母親肯定也深愛著她，只是母親的愛，被生計、課業、夫妻關係等繁雜瑣碎的事務給屏蔽了。

期盼女孩能撬開母親心房，喚醒母親深藏在心中愛的引信。

愛，是無私的。真正的愛，是不會被外在事務左右或影響的珍貴養分，不因孩子考試分數起落而有所不同。愛也不因家庭壓力而扭曲或變質，愛是恆久的存在、無私的給予，於是，我們才能成為一個真正有生命力的人。

8 冰山裡的自我　愛，是生命力的泉源

愛，讓人柔軟，讓人懂得真正的退讓。

在愛的基礎下退讓，才能贏得更多愛的回報。

自我

如果教養有方，那麼唯愛可行。

家庭或手足間的爭執，不該是一場又一場的賽局，更不是賭注，成天算計著該如何下注，才能獲得最大贏面。

愛，是不算計方法，不計較得失，不帶著目標與企圖的純然天性。只有愛，才是能帶領孩子走過困境、戰勝親子衝突的唯一方

法，亦是親子能雙贏的不二法門。

但是這樣的愛，是什麼樣的愛？展現的形式和應對方式又是什麼？

愛，能帶來親子和諧，也能化解手足衝突嗎？

在家庭中，面對手足爭執或教養問題，我從不提倡以「算計式」的方法，換得一時的和諧。算計下的教養，誰知道孩子學到多少的算計，將之用在未來與父母的談判與對決。

教養，不需要這麼多心眼。

如果非要提倡一個方法，造就親子或手足間的雙贏，那麼肯定就只有「愛」的賽局理論。

老大上小一那年，我和先生帶著兩個女兒到新加坡工作（因此有184頁「七歲，一個人的退學」事件）。工作閒暇之餘，便領著孩子四處走走看看。一天，我們到海灣舫地鐵站旁頗負盛名的濱海灣花園，探訪有如魔幻祕境的「天空樹」。

我們在濱海灣花園裡一面散步，一面欣賞沿途的裝置藝術。孩子們被其中一張「巨椅」給吸引。那是一張用老樹的枯藤編織出來的椅子，兩個孩子看到後，立刻搶著坐上去。偌大的椅子，足夠好幾個人坐下休息，只是兩個孩子都想獨占，誰也不讓誰。

我立在一旁，看著兩姊妹爭執，久久僵持不下，最後老大三三從爭奪戰裡賭氣退下陣來，久久無法釋懷。

這是手足爭執的小事，於我而言，是孩子之間的學習課題，但對三三而言，卻是無法釋懷的大事。

愛的小旅程

我和三三獨處時，她向我抱怨，妹妹為什麼總是愛跟她爭東西，好討厭。

我問，需要我的協助嗎？

她搖頭說不用，但她好奇我會怎麼處理，我的方法又是什麼？為什麼她老是處理不好妹妹的問題？

我笑著告訴三三，我有一個特別好的方法，但是這個方法，需要由她從愛妹妹開始做起。

三三聽了反駁說：「我很愛妹妹呀，但是愛根本沒用，她還是愛跟我搶東西。」

我說：「愛不是手段，不是為了要妹妹不跟你吵架或搶東西用的。」

三三問：「那是用來幹嘛的？」

我說：「愛是認真的、打從心底的愛她，就算她不把整張椅子讓你，你也是愛她的，這才是真正的愛。你是真心愛她嗎？如果是真愛，那麼真愛就會帶來更多的愛，也會帶來更多意想不到的禮物。」

三三問：「什麼意思？」

我：「只能告訴你這麼多了，至於會帶來什麼禮物，要你自己去實踐才知道。」

三三：「我很愛妹妹，但要怎麼做，她才能知道我的愛？」

我：「你真想知道？」

三三：「真的想。」

我：「你想試試看？」

三三：「想。」

我：「很簡單，在心底默唸『我愛你』一百遍，然後，在每一次和妹妹發生衝突時，你告訴妹妹，我願意先讓你坐，因為我愛你。」

三三：「就這樣？」

我：「是啊，就這樣。這舉動看起來好像很簡單，做起來卻難如登天，除非是打從心底的去愛別人，否則不可能做到。因為愛不能算計目的，愛是很純真、潔白的。」

三三沒跟我爭辯做不做得到，只是默默的走了。

接下來的旅途，她展開了一次愛的小旅程。

她牽著妹妹的手，燈光秀散場時，她一路牽著妹妹，走長長一段路，鼓勵疲累的妹妹繼續加油，直到走進地鐵，進了車廂，還是緊緊牽著妹妹，兩人還共享一個小小座位，依偎在一起，沒有爭搶，兩人沉浸在美好的姊妹情誼之中。

回到飯店，愛的蝴蝶效應出現了。

妹妹因為大受姊姊照顧（妹妹還難能可貴的受邀坐上姊姊的床鋪吃泡麵），感動不已，立刻提來今日買到的三個紀念品，自己留下一個，另外兩個全部送給了她心愛的姊姊。

我笑笑，表示一切都只能意會不能言傳。

三三大驚，回頭看我一眼。

「愛」能讓人柔軟，能讓人懂得真正的退讓。以愛為基礎的退讓，才能造成巨大的蝴蝶效應，贏得更多愛的回報。手足是如此，教養也是如此。

「愛的賽局理論」，是永恆，也該是唯一的教養方法。

對於孩子，我們需要的，只有「愛」。

實作練習 3

探索冰山底層的訊息，進行有效對話

請依照下列實際案例與情境，辨別水面下「冰山」的各層次，並於後方括弧填上冰山層次的名稱，如：行為、感受、觀點、期待、渴望等。

孩子毛毛和好朋友小芊吵架了。

毛毛氣沖沖的來到媽媽面前大吼大叫（　　），指稱好朋友故意在他面前摔他最寶貝的玩具。

媽媽聽到後，告訴毛毛：「我覺得小芊應該不是故意的，可能是不小心的。」（　　）

毛毛聽到後立刻暴跳：「他絕對不是不小心的，他完全就是故意的，因為他丟玩具之後，還一直笑！而且不管是不是不小心的，都不可以這樣丟我的玩具！」

媽媽尷尬的笑了笑，安撫毛毛：「好了好了，只是玩具而已，沒有壞就好了（　　），不要再說了（　　）。」

毛毛的情緒，在媽媽的回應下，感覺委屈（　　），媽媽完全不信任他說的，所以他只好氣急敗壞，在一旁又跳又叫，甚至摔自己的玩具（　　），藉此表達自己說的是真的，希望媽媽能相信他（　　）。

然而媽媽被毛毛的行為惹怒（　　），覺得孩子怎麼可以這樣不珍惜自己的玩具（　　），甚至還對媽媽不禮貌（　　），於是對毛毛大發雷霆（　　），甚至動手打了毛毛的屁股（　　）。

毛毛不服氣，惡狠狠的瞪著媽媽，覺得自己不被愛（　　），是全世界最可憐的小孩，都沒有人相信他（　　）。

從上面的實際案例與情境中，是否看穿毛毛的冰山各層次訊息了呢？

毛毛的情緒，在媽媽的回應下，不降反升，原因很簡單，因為他情緒沒有出口，媽媽完全不信任他說的，所以他只好花更多情緒來表現自己內在的憤怒。於是，我開啟了另一段對話：

我：「你很生氣吧，玩具被小芊故意摔到地上？」（核對感受）

當我靠近毛毛，第一件事便是核對他的情緒，他告訴我他非常生氣，而我也

認真聆聽他敘述小芊在什麼樣的情況下摔他的玩具。

毛毛的情緒在我的關心下，有了出口，很快的不再那樣憤怒與激動了。

毛毛重申：「我真的很生氣，而且不管是不是故意（觀點），小芊都不應該這樣做。」（傾聽觀點）

這個觀點讓我很好奇。

因為關心毛毛，所以我「核對」毛毛話中的意思：「你的意思是，就算是不小心的也不行？」（核對觀點）

毛毛大聲說：「對，就算是不小心的也不可以！」（傾聽觀點）

我看著毛毛許久，毛毛也直直的看著我。

我再重新整理了一次毛毛的話語：「你的意思是，你從來沒有不小心犯錯，是這意思嗎？」（換句話說、核對行為）

毛毛尷尬的笑了，眼神有些閃躲：「怎麼可能沒有。我不是這意思。好啦，我修正，不小心的我可以接受啦，但是小芊絕對是故意的，不是不小心的。」

（傾聽觀點）

此刻毛毛的情緒已經比先前緩和了些。

我：「既然你這麼肯定，勢必有你的理由。那麼，你能不能告訴我，你要什麼？」（核對目標）

毛毛：「什麼？」

我：「我的意思是，你要小芊做什麼，好讓你不這麼生氣？」（換句話說、核對期待）

毛毛：「我也不知道耶。」

毛毛先前與媽媽的對話有阻礙，因此他第一時間只顧著發洩情緒，從沒弄明白自己發這麼大脾氣是為了得到什麼？直到我以對話的方式讓孩子覺知問題，他才開始思考自己想要的是什麼。

毛毛想了一會兒後，告訴我：「我只需要小芊的道歉。」（傾聽期待）

對話至此，毛毛的情緒已經因為我真心的關注而消散，小芊最後來向毛毛道歉時，毛毛早已排解情緒。

對話結束前，我欣賞毛毛能在這麼短時間內說出自己的想法，真是不容易，也謝謝他願意和我說這麼多話。（欣賞）

毛毛離開座位後，很快的又跟小芊玩在一塊兒。

教育教養 BEP049B

薩提爾的親子對話
每個孩子，都是我們的孩子

作者 —— 李儀婷

總編輯 —— 吳佩穎
人文館總監 —— 楊郁慧
副主編暨責任編輯 —— 陳怡琳
美術設計 —— 謝佳穎
校對 —— 魏秋綢
內頁排版 —— 張靜怡

出版者 —— 遠見天下文化出版股份有限公司
創辦人 —— 高希均、王力行
遠見・天下文化 事業群榮譽董事長 —— 高希均
遠見・天下文化 事業群董事長 —— 王力行
天下文化社長 —— 林天來
國際事務開發部兼版權中心總監 —— 潘欣
法律顧問 —— 理律法律事務所陳長文律師
著作權顧問 —— 魏啟翔律師
社址 —— 臺北市 104 松江路 93 巷 1 號

讀者服務專線 —— (02) 2662-0012 ｜傳真 —— (02) 2662-0007；(02) 2662-0009
電子郵件信箱 —— cwpc@cwgv.com.tw
直接郵撥帳號 —— 1326703-6 號　遠見天下文化出版股份有限公司

製版廠 —— 中原造像股份有限公司
印刷廠 —— 中原造像股份有限公司
裝訂廠 —— 中原造像股份有限公司
登記證 —— 局版台業字第 2517 號
總經銷 —— 大和書報圖書股份有限公司　電話／ (02) 8990-2588
出版日期 —— 2019 年 12 月 31 日第一版第 1 次印行
　　　　　　2023 年 12 月 25 日第二版第 2 次印行

定價 —— NT 380 元
4713510943694
書號 —— BEP049B
天下文化官網 —— bookzone.cwgv.com.tw

國家圖書館出版品預行編目（CIP）資料

薩提爾的親子對話：每個孩子，都是我們
的孩子／李儀婷著. -- 第一版. -- 臺北市：
遠見天下文化, 2019.12
　　面；　公分. -- （教育教養；BEP049）
　　ISBN　978-986-479-865-0（平裝）

1.親職教育　2.親子關係　3.親子溝通

528.2　　　　　　　　　　　108020314

天下文化
Believe in Reading